仙人指路

10個故事帶你進入道教的神秘世界

謝世維、李忠達——主編

目次

作者簡歷

謝世維

美國印第安那大學東亞語言與文化研究所博士，現任國立政治大學宗教研究所特聘教授。專長領域為中古道教經典與文獻、道教與佛教交涉研究、中國宗教研究。

李龢書

日本東京大學人文社會系研究科博士，現任東京大學人文社會系研究科助教。專長領域為晉唐道教史、儒釋道三教關係史。

方韻慈

國立臺灣大學中國文學系博士，現任國立政治大學宗教所博士後研究人員。專長領域為中古道教小說、中古詩歌、性別研究。

李忠達

國立臺灣大學中國文學系博士，現任東海大學中國文學系助理教授。專長為道教內丹學、易經、禪宗、宋明理學。

李長遠

國立臺灣大學歷史學系博士，現任中央研究院歷史語言研究所助研究員。專長領域為唐宋思想史、儒道交涉研究。

高振宏

國立政治大學中國文學系博士，現任政治大學中國文學系助理教授。專長為道教與民間信仰、道教文學、民俗學。

蔣馥蓁

法國高等研究學院（EPHE）宗教學博士。研究領域為道教儀式、近代道教史，與地方宗教發展的社會面向研究。

李志誠

香港中文大學宗教研究哲學博士。研究興趣為佛道儀式及其交涉、當代道教發展與現代轉型、中國地方宗教儀式與社會。

張鵬

中國首都師範大學博士，中國社會科學院世界宗教研究所博士後，現任山東大學文學院副研究員。研究專長為敦煌學、中古道教史。

賴思妤

日本東京大學人文社會系研究科亞洲文化研究專攻博士生。曾任日本學術振興會特別研究員、日本朝日新聞翻譯輔佐等。專長興趣為道教文學、仙傳文學、女仙思想文化、東亞道教、日本江戶道教思想及圖像。

緒論

道教文化是一片遼闊弘深的海洋，自中古時期開始，滋養著東亞漢文化圈的靈魂，許多高道名士，潛入其中，領略道教的絢麗光彩，契入生命的至高圓滿，引發無限的哲思，抵達想像的極致。

道教是一扇通往中華文明傳統精髓的窗，文明基因凝聚在道教的象徵系統之中，成為人文精神的珍寶。其思想的靈通妙用，影響著世代的文學、藝術、宗教、心靈，所展現的壯麗與恢弘，是道體法用的印證，也體現東亞漢文化圈精神文明的精深與博大。

道教的範疇極廣，在歷史上包括正一派住觀道士、正一派火居道士、全真教出家傳統、地方法師傳統、扶乩傳統為中心的道壇、養生居士團體、修練的隱士傳統等差異極大的不同範疇。其中道觀道士與火居道士是道教的神職人員，也是道教的核心人士，但是道教也存在於宮廷文化、士人傳統以及平民百姓的日用之中，貫穿社會各階層；凌越亙古千年。

道教是建立在古代中國宗教、思想、文化傳統的基礎上所形成的宗教傳統，古代宗教與巫祝傳統、神仙信仰、道家學說、陰陽五行思想、讖緯學說等都是道教的泉源。中國士人一方面實踐儒家理想的經世之道，心靈卻寄託於超俗的道教生活。隱逸自然的生命情趣、道教的價值與理想，才是士人內心的嚮往，是一種內在的文化空間，讓心靈能夠自由徜徉。古代許多的士人或有道齋、道室的生活空間，也持齋奉戒、閱讀道經、習持科儀、修煉丹藥等，體現一種道教的生活情懷，著述常常與個人的道教志趣融合，結合道術、神仙，充滿著道教的超俗想像，從修仙、煉丹到禮懺、齋醮，蘊涵豐富的道教內容。這不但是私領域的追求，更是心靈與生命的最終關懷。

道教是民族共有的記憶，烙印在生命之中，成為一種宇宙觀、生命觀。記憶由無數的故事組織而成，人可以組合其記憶，以適應當前的情狀。記憶是體驗與想像的再造，在遺忘與憶起之間，道教有了生命。集體的記憶根植於口耳相傳的傳說，而代代相傳的文本更是一種權威，傳承也是記憶的依據，並能夠建立認同與身分定位。

這些古老的記憶並非完全建立於史實，而是對傳統的深厚情感與連結，與生活有真實的扣連，它是一種泉源，來自深廣的文化資料庫，其中有些來自道經的智慧，有來自物質層面如建築、壁畫或儀式畫中的絢爛景觀，或儀式專家所穿著的絳衣法服，有些來自非物質層面如各地區傳承的音樂唱腔與節奏，亦或是廟宇、儀式中的裊裊清香。各種官能的體驗，都成為記憶的資源，當這些記憶構成百姓日常生活中的情境時，就形成一種宇宙觀，無時無刻不在華人的心靈中運作著。

本書所收的道教故事，從不同面向觀照道教，每位作者以獨特的筆法，呈現風格迥異的文學趣味。歷史上道教的多種面貌提醒我們，道教並不是一個單一化的傳統，道教與各種文化之間的對立、共存、交會、整合，蘊含創造力與生命力，交織出歷史各種維度與顯像。書中的故事都代表著道教在中國心靈世界的綻放，引發我們無盡的想像，也提出許多的問題：

最早的道教團體五斗米道如何興起？張魯又是如何用道教的思想與制度來統治一個王國？

唐代的女性如何脫離家庭的羈絆、社會的壓力，而能夠專心修道、證得仙真？宋代的士人為何熱愛道家思想？陳摶所修練的睡功究竟是什麼？范仲淹為什麼如此鍾情道教？

宋代雷法的法術如何透過符文來招雷祈雨？歷代的張天師又如何透過天師符來治災患？各朝代的天師符為何在民間受到歡迎？

內丹的奧秘是什麼？如何練得出陽神？為什麼連蘇東坡都愛練內丹？

道教對仙界天宮和神異精怪的想像，是中國文人靈感的泉源，這些意象如何轉化為動人的文學？

一位傳奇的道士陳復慧如何在十八世紀的四川地區創造出一個科儀傳統《廣成儀制》，而且深深影響近代的道教科儀？

舉世聞名的敦煌藏經洞如何被一位道士發現，這些珍貴的經卷又是如何流散，進入世界各地的圖書館？而敦煌又藏了多少的道教經卷？

西王母與仙界仙桃的故事如何傳到日本、韓國，成為女兒節以及長壽的象徵？

民國時期兩位道教界巨擘，一位是傳統派六十三代天師張恩溥；一位是創新派、提倡科學化仙學的陳攖寧，他們如何在波瀾壯闊的時代，將道教帶入現代世界？

這些短文透過道教文化的多元面貌，呈現一篇篇優美篇章，如同在生命之洋擷取一瓢，輕啜著道教文化的深邃與廣袤。

除了本人以外，這些篇章都是由新世代的道教研究者撰寫，他們剛剛進入道教研究的領域，卻在道教文化研究上已經有過深耕，對這個冷僻的領域保有著初心與熱忱，願意將他們的研究以平實易懂的文字，介紹給更多讀者。本書的完成，要感謝這些年輕的道教研究者，有他們投注時間撰寫文章，才能讓一本包羅各種主題、呈現多元面向的書籍問世。特別感謝李忠達教授長達一年多來不間斷的聯繫與溝通，促成本書的撰寫與出版。

道教是美與神聖的泉源，具備深厚的文化與精神傳統。中國的詩詞文化、山水藝術、音樂傳統、美學思維莫不受道教影響。期望這些篇章能夠帶領讀者進入這個充滿奧秘與美感的世界，一個豐富深邃卻備受忽視的優美傳統。

謝世維　誌
二〇二〇年二月

秘篆靈符

——神秘的道教符圖世界

謝世維

宋代著名的法師王文卿（一〇八七—一一五三）早年遊歷各大名山時，有一回來到金陵的清真洞，據傳這是唐代葉法善天師修真的洞天福地。黃昏時分，他在昏暗的山中迷失方向，流落到一個無人的草舍當中，舍內寂然無人，燈光昏暗，他偶然發現桌上有一文，上面寫著「噓呵風雨之文」，於是他拿出筆墨，將這些祕文抄寫在葉子上。就在這個時候，一位老婦人緩緩走出來，王文卿禮貌的問婦人的姓名，老婦人回答說：「我無名無姓。這裡是雷霆所居之地，不可以久留。」於是王文卿匆匆離開，走不到幾步，回頭望去，已經不見草屋。不久，再走一里許，已經回到清真洞天。王文卿雖然抄錄了秘文，但是這秘文是一種神秘的符書，王文卿無法理解，也不知如何使用。

經過三年，王文卿遇見火師汪真君，這位汪真君曾經傳授王文卿「飛神謁帝之道」，而王文卿將他在清真洞天的遭遇告訴火師汪真君，並將這些抄錄的秘文給汪真君看，汪真君看了讚嘆道：「你真的是宿世的真仙啊，你見到的老婦人就是電母，既然你得到秘文，那我就應該傳授給你秘文的法訣。」經過了火師汪真君的傳授，他才理解其中玄奧，並且透過汪真君分付、遣派之後，他才能透過符文役使相關的神祇使者，施展各種神奇的法術。從此，王文卿就成為「雷法」的祖師。

「雷法」是宋元之後流行於東南地區，相信可以召請雷神之力，進行祈雨、除瘟、治病、驅邪的法術。宋代初期的雷法最關鍵的就是雷符。究竟王文卿所獲得的是什麼樣的符圖呢？為何這些符圖能夠讓王文卿施展雷法，甚至成為道教神霄派的創始者之一、以及許多雷法支派的祖師？這就需要我們去探索道教文化當中最核心而神祕的符圖文化。

在世界的宗教當中，如果說道教有什麼可以標誌其獨特的特色，那麼「符圖」肯定是其中的一項。符是一道道神秘的窗口，帶領我們進入神秘的奇幻世界。在筆畫之間，涵蓋了宇宙的符碼。在道教的世界裡，這個世間處處充滿了象徵，這些象徵能夠與天地溝通。

自古以來的神秘家與煉金術士，都是透過象徵，去掌握神靈的世界，在道教的世界之中，「符」就是通往神靈世界的象徵。透過「符」的神祕符號與密碼，將人的意志與期望具體化，透過符的召喚，神明自然顯現，執行各種任務與使命。符文所涉及的是一個奇幻瑰麗的法術儀式世界，道教的法術都是圍繞著符的文化而綻放開展。法術世界充滿了想像，道士與法師在人、神、鬼、妖混雜的域界，扮演著仲裁者的角色。透過符文的至高權柄，呼喚著各種元帥、官將，與在地的鬼祟妖異對峙、協商、鬥爭。

符圖的產生

符在中國早期秦漢時期就存在，許多漢代墓葬當中的魂瓶上都有符，有著闢邪與護佑的功能。葛洪（二八四—三六三）的《抱朴子》當中收錄各種符式，這也顯示著六朝時期南方的方士傳統早就使用符文進行各種修煉與儀式，並藉著符文與他界溝通。我們可以判斷，早在道教成立以前，各種形式的符文就已經在各種秘術傳統當中被使用，而即使道教成立以後，各種符式仍在民間各種法術傳統被廣泛運用。符圖雖然不是道教的專利，但是卻在道教文化當中大放異彩，徹底綻放對符文的想像，並將「符」提升到義理、本體的位置。

符圖文化根源於華人對象形文字的神話想像，賦予神秘文字一種至高無上的宗教意涵，其中關鍵的概念就是「象」，也就是現象界的形顯，也隱含了宇宙的原型。伏羲與倉頡在漢代被視為文字文明的創生者，這兩個神話人物循同樣的模式創造符號與文字，他們透過天地自然的形象觀察，將自然界的形象轉譯為符號或文字圖象，再以符號文字去指稱現象界。在道教的世界中，符文就是「道」的神聖顯現，而模擬這些形象都是對「道」進行形象化的再現，因此這些「再現」具有神聖性，必須神聖的處理，或是透過儀式進行崇拜。這是道教重要的標記與特色，也是其他宗教難以見到的。這種文化輻射到周遭的文化圈，諸如韓國、日本、越南、蒙古、西藏等等，進而成為東亞宗教的一大特色。

「符」所涉及的文化面向很廣，在歷史上不同時期有不同的呈現，並非一成不變。許多六朝時期上清派的經典會在經首論述其經典的淵源與傳承，以及宇宙生成與天書的出現，它們宣稱天書生於宇宙形成之初，由氣所凝結而成，懸浮於太虛之中，字方一丈，其光芒照徹十天。這類天文保留了宇宙原始的原型模式，並蘊含了神聖的訊息。

魏晉時期的靈寶經典《太上靈寶五符序》也強調「真文」在世間的傳布，包括九天真王、三天真皇授與帝嚳靈經、寶符等，「然其文繁盛，天書難了，真人之言，既不可解，太上之心，眾叵近測。自非上神啟蒙，莫見髣髴。」這裡說明了靈經、寶符等是以天書寫成，屬於真人的語言，除非經過上神啟蒙與解說，否則一般世俗之人是無法理解的。在道教的神學體系中，靈寶真文是在宇宙形成前的空洞之中即已形成，由氣凝成為天文，這種神秘符號難以辨識理解，於是元始天尊命太真，將之轉寫紀錄下來，鑄刻於簡上。這些關鍵的符文，就成為道教經典的基礎。

葛洪的「三皇文」與「五嶽真形圖」

在六朝時期的南方方士傳統當中，最重要的符文莫過於「三皇文」。在《抱朴子》當中，三皇文是與金丹之法並列為葛洪所傳承道法的主軸，其中卷十九〈遐覽〉提到師從鄭隱之時云：「然弟子五十餘人，唯余見受金丹之經及三皇內文、枕中五行記。」三皇文又與五嶽真形圖被認為是葛洪所接受與蒐集傳統當中最重要的符文之一，在葛氏傳統當中占有重要地位。這些神祕而神聖的符文曾隱藏於名山五嶽之中。

傳說世間的人只要擁有三皇文，就可以辟除災禍，因此被認為具有護佑功能。三皇文一般認為是南方方士傳統的代表性符文，保留了部分中古時期江南的宗教傳統。據文獻的描述：「皇文乃是三皇以前鳥跡之始大章也。」「古三皇時所授之書也。作字，似符文，又似篆文，又似古書，各有字數。」這顯然是一種模擬古代書體，介於符與文之間，一種模擬篆體的文字圖像。因此可以推斷，三皇文原來是一套符文，與古靈寶經當中的「五篇真文」或「大梵隱語」形象類似，而後兩者很可能是承繼三皇文對天文崇拜發展而來。

在三皇文傳統中，符、文、圖是方術傳統的核心，《洞玄八帝元變經》提到，符文

敦煌靈寶真文

可以展現多種功能，包括：與神明溝通、祈求、守護、辟邪等……。不過其中最主要也最常被提及的，則是：與天地神祇溝通、辟除各種精魅、達致長生不死，這三項相互扣連，而這也正是三皇文傳統所強調的主旨。

六朝時期南方的傳統與早期天師道對圖像的態度略有不同。除了對符的重視之外，南方傳統對特定神聖圖像有特別的崇拜。這種圖像通常被稱為「靈圖」或「真形」。在南方的傳統中，圖、符、文、真形常常互用，這也顯示它們來自同一種根源。這些圖、符、文、真形也都與南方的傳統儀式有密切關係，當時的南方傳統對圖像的崇拜較為重視。而這種圖像觀念多以「真形」的形式呈現，在靈圖傳統當中又以〈五嶽真形圖〉以及〈八史圖〉最為重要。〈五嶽真形圖〉

是一種地理原型的概念，以一種介於圖與文之間的形象。這種地理原型即是「地文」，相對於天上的「天文」，是宇宙天地的神聖元形顯現，因而蘊涵宇宙原初的神秘力量。除了「五嶽真形圖」以及後來出現的「人鳥山經圖」屬於山嶽真形之外，「真形」也常常指涉神的形象。《抱朴子・雜應》當中提到透過三皇天文來召喚司命、五嶽等神，則神會在召喚之人的面前現出其形，並且可以問以未來吉凶之事。換言之，透過天文而行召喚術，能使神靈現出真形，這兩者之間具有因果關係。神的真形以〈八史圖〉為代表，八史為八卦之神，現存的〈八史圖〉則是以卦象結合符文的形式呈現。《抱朴子內篇》〈遐覽〉著錄道經〈八史圖〉，又將〈五嶽真形圖〉與〈三皇文〉並提。《太上無極大道自然真一五稱符上經》在說明祭致八史之法，「神皆已至，或已聞其聲，或已見其形，如圖狀。明日祭之堂樞下，神輒與子共語。」從這段敘述可以推測透過祭致八史，可以使八史神降臨，並以其形象呈現在修煉者面前，而這段文字也暗示了經典原本附有圖像，以供修

東春
東嶽泰山真形圖
右東嶽泰山形源，周回二千里，在瑯琊界。
五嶽真形圖

煉者印證現前的神明形象。接著，八史神降臨後，修煉者便可以詳細詢問八史神長生之法，而八史也會為修煉者登錄仙籍。

《洞神八帝元變經》保存了一篇祝禱詞，彰顯出修煉者所期望的功能：即希望八史神能顯現，進而滿足修煉者的期待，包括能得知陰密之事、預知吉凶善惡、未來過去等。祝詞最後說：「早來隨我，永不遠離，畫形為友，莫相負失。急急如律令。」這裡的「畫形」指的是透過描繪神明形象，或者是透過圖像（也就是《洞神八帝元變經・神圖行能第二》所列出的八史圖像），來徵驗神形，並與神明交流。換言之，這是透過圖像所締結的神人關係。

天師道的書符法式

魏晉的天師道對於符則格外重視，不但籙當中會有符的圖像，對於符的書寫也有一套講究的儀式。天師道傳統當中，書畫符文、真文或者靈圖皆有一定的法度，除了一切工具必須潔淨之外，在書畫過程當中，也必須結合某些儀節，使書寫本身以及書寫的物件轉化為神聖物，並具有靈力。這個過程必須借重視覺意象觀想神明來加持，或者存思神聖力量注入這些符文圖像。

《赤松子章曆》是六朝末到隋唐間天師道上章章文範本的集合，也是天師道士的參考手冊。《赤松子章曆》記載了一段符文書寫的過程，可看出隱含其中的書符法式觀念。書中提到，魏晉南北朝的天師道書符方式是「青墨郭外四周，以丹書符文於內」，因此是綠色外框，紅色填塗於內的雙鉤填色形式。這代表符的主體是朱紅色，透過存想日月光芒覆蓋以及七星中魒星的照耀，使這朱色顏料經過日月星三光的聖化，因此朱色具有特殊的神聖性。再配合存想與口訣使真官、直符使者、百千萬重道氣，隨禁降入符中。而符的功能主要是使「元命真人」勑下真官、值符使者以及道氣降入符中。要達到這種效果，則行符者需要存思真氣、直符童子與行符將軍，再透過存想日月星三光所照耀過的朱筆將符畫出。這也說明符並非只是類文字的書寫，其中也包含了官將形象以及氣形的存想，隱含了形象化的元素。這段敘述的重要之處在於它記錄了符的形式與書寫符的方法，尤其是存思與口訣。我們可以認為這段書符法式相當程度保留了六朝的看法。這也顯示魏晉時期天師道書符與今日有極大的差異。

結合元帥形象，需要配合咒語的「真形符」

前文提到，在法術的傳承當中，符是最關鍵的載體，法術施展就是靠符的力量，這是宋元以後法術最重要的概念。宋元時期是道教法術發展的黃金時期，而符圖在這段時期開展了新的紀元。

宋元法術最著名的莫過於神霄派，莫月鼎（一二二六—一二九四）是元代最重要神霄派的傳承者，也是傳奇性的大法師，靈異事蹟被記載於各種史料之中。莫月鼎在科舉不中後就入道修行，隨後從鄒鐵壁承繼了王文卿的雷法精髓，將王文卿的法術發揚光大，能夠召雷喚雨，驅邪趕鬼。元世祖至元廿六年（一二八九），朝廷廣召神異人物，莫月鼎被召進宮中。皇帝知道他以雷法著稱，試探地詢問莫月鼎，能否聽聞雷聲？莫月鼎於是將桌席上的胡桃丟擲到地上，雷聲馬上大作，震撼整座宮殿，皇帝登時嚇到，莫月鼎隨之又命令雨神，立即大雨傾注，皇帝龍心大悅，於是大大賞賜莫月鼎，而莫月鼎則將賞賜都捐給窮困之人。莫月鼎在六十六歲時告老辭退，縱情於江湖之間，只要有疾病或遭逢災厄，來找莫月鼎的，莫月鼎就會篆寫真符來治療，而患者都能立刻痊癒，民間將莫月鼎稱之為「真官」。而莫月鼎傳授法術，主要也是傳授符篆。甚至依照每個人根器不同，傳授門人不同的使者符形，配合使者官將，形成雷法傳承的重要模式。而莫月鼎所傳授的符篆，最重要的就是「張使者」符。

什麼是「使者符形」呢？這是宋元以後特有的「散形」、「聚形」符，所謂的「散

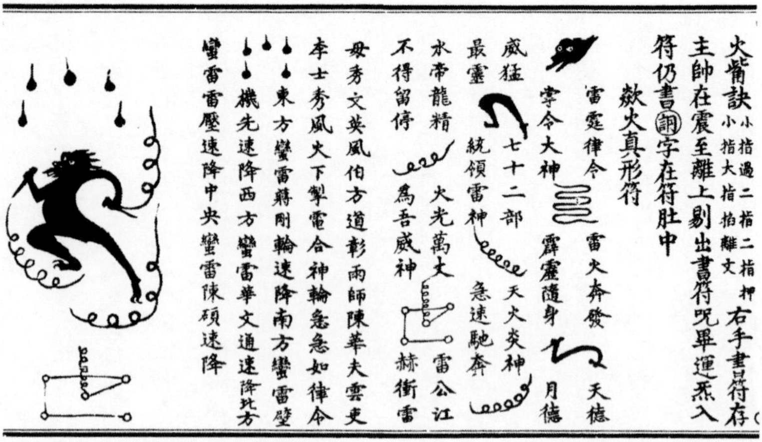

火筲訣小指過二指二指押右手書符存
主帥在震至離上剔出書符呪畢運炁入
符仍書詞字在符肚中
歘火真形符
雷霆律令　雷火奔發　天德
雱令大神　霹靂隨身　月德
七十二部　天火炎神
統領雷神　急速馳奔
威猛　最靈
水帝龍精　火光萬丈　雷公江
不得留停　為吾威神　赫衝雷
毋秀文英風伯方道彰雨師陳華夫雲吏
李士秀風火下掣電合神輪急急如律令
東方蠻雷耨剛輪速降南方蠻雷壁
機先速降西方蠻雷華文通速降北方
蠻雷雷壓速降中央蠻雷陳碩速降

歘火真形符（《道法會元》卷八十第六）

形」是將符的各部分拆散，每個部分有詳細的功訣說明，而將這些部分結合起來就是「聚形」，通常與符所召的官將形象有關，也稱為「真形符」，是一種結合元帥形象與符文的新形態符圖。奧妙的是，這個符形可以被拆解成不同的圖像部分與筆畫，每一個部分都需要配合呪語、手訣或者存想，法師必須很精確的掌握官將真形符篆，然後才能真正的有效施用，並進一步驅遣官將去施展各種法術。

《道法會元》卷八十〈歘火律令鄧天君大法〉當中有〈歘火眞形符〉，這種真形符具象歘火律令鄧天君的外觀，同時添增符筆及符號，形成圖文混合的圖像符，這即是所謂的「真形」。從內文我們可以看到，每一個圖像符號，都配合一段咒語，十分的講究，然後圖像組合成完整的「真形符」。在宋元道法，尤其是雷法當中，真形符是法術傳統祖師傳授的關鍵，如上文所提到的莫月鼎，所傳授的就是使者真形符，這些新的法術是仰賴這些真形符來開展，而符篆本身就代表了主法的元帥，因此不同的法術有不同的真形符，具有神聖傳承與個別特性，法師傳承真形符篆，並掌握呪訣，就能夠驅遣元帥執行各種法術。

注重內在修煉的「清微符」

在宋元時期，清微派統合並系統性的發展「符」的文化，對道教的符圖文化做出巨大的改變。清微法形成於宋代末年廣西、福建一帶，是宋元法數眾多派別之一，後來逐漸統合了各派並確立其教法權威，也廣泛傳布於各地的知識階層，徒眾遍及浙江、江西、湖北、雲南等地，元明時期也被龍虎山正一派吸收，並成為明清以後最重要的道教法術派別。清微派促使符的使用與運作標準化，影響了明清以後的道教符文。

清微派的法術符文是一種雲篆體，筆畫圓潤簡潔，使得符篆有一種嶄新的風格，符文區分為「符、章、經、道」，清微派創始者趙宜真說：「符章經道，簡策詔令，散漫諸階，動盈篋笥。」這幾種類型在形式上差不多，都是雲篆，但是有著行符輕重的區別。

清微派雷法中的雷符、玉章、天經都是在宇宙形成時，自然之氣凝結在太空當中的形象，這些自然的符文被保留下來，並被元始天尊分為三種品秩，上品的靈文是道的宗旨，只能讓天人看到，中品靈書只有神人可以得見，在人間傳承的則是下品靈書。這種「靈書」有著濟世的功能，主要是透過役使風雨雷霆、斬妖滅邪、普濟眾生。

清微符不只在形式上與分類上有著獨特之處，更重要的是施行這些符圖，法師必須有內煉的功夫，憑著自己身內的真氣，去與天地造化相合。要培養這種真氣法師必須靜默凝神、專意正心，將心念專注於內煉，然後讓真氣凝聚。書符的關鍵，就是運用這真氣。

這種觀念來自宋元時期對道與法的理論，內煉真氣的內丹是內修之「道」，而將內煉施展於外，用來濟世度人，則是「法」，也就是法術，法術的靈驗端賴法師的內煉功夫。清微派的符法就是基於這種「內道外法」的理論，格外注重內煉對於符法的重要性。

書符的方法也必須注重內煉，〈書符筆法〉說：「澄澄湛湛，絕慮凝神，使其心識洞然，八荒皆在我闥，則神歸氣復，元神現前，方可執筆。以眼瞪視筆端，思吾身神光自兩規中出，合乎眉心，為一粒黍珠在面前，即成金線一條，光注毫端，便依法書篆，存如金蛇在紙上飛走，定要筆隨眼轉，眼書天篆，心悟雷篇。思金光漸漸廣大，充塞天地。」也就是說，書符的人必須先將思慮斷絕，讓心念澄明，將真氣凝聚，元神在前，讓神光從兩眼射出，聚集在兩眉之間，在面前成為一顆黍珠，再從黍珠凝聚一條金線，射向毛筆尖端，然後開始書符，書符之時，眼睛要跟著筆運轉，讓金光擴大，充滿在天地之間。

廣受歡迎的「天師符」

在近代，以書符聞名的，莫過於張天師。天師道從漢代末年張道陵開始就以擅長書符著名，歷代的天師所留下書符治病驅邪的記錄，成為民間戲曲、小說、筆記的題材。到了明清時期，天師符開始廣為流傳，受到民間廣泛的喜愛。

歷代天師當中最傳奇的人物是三十代天師張繼先（一〇九二—一一二七）。傳說宋徽宗崇寧年間，解州的鹽池遭逢水患，當地人認為原因是蛟龍在池中作怪，皇帝經由道士徐神翁的建議，請張繼先處理水患。張繼先至池邊於書篆一道鐵符，投於池中，頓時雷電交加，蛟龍於是死於池邊，水患也因而解除。皇帝問張繼先請什麼神將降伏了蛟龍，能不能見一見？於是張繼先回答召的是關羽，並立刻書符召請關羽現形於皇宮大殿，皇帝大為震驚。皇帝聽聞張繼先的符治病也是有名的，於是特別命令將數十個大甕儲滿水，設在京畿，並投下張繼先的符，患病的人飲下這些水，疾病都痊癒了。

第三十八代天師張與材（一二七五——一三一六）在元代的時候受封為「太素凝神廣道大眞人」。元大德二年（一二九八年），海鹽、鹽官兩州發生嚴重的水患，沙岸好幾百里都被淹沒，水患波及州城。張與材於是在水邊投下鐵符，登時雷電交加，立即殲殺一隻魚首龜身的怪物，其身長達丈餘，水患因此平息。到了大德九年，崇明州的海隄崩潰，張與材立刻命令弟子持天師符去平息災難。當時的老百姓夢見有一位神明來海邊填海，於是災難再度平息。

明代著名的文人宋濂於四十二代張天師的碑銘上提到，在西元一三六六年天師張正常（一三三五——一三七八）第二次入京城拜見朱元璋之時，當時的士人與平民每天來求天師符的有上千人，那時候天師住在朝天宮，侍衛無法提供靈符，只得將大門給關上，沒料到這些百姓將門門破壞，闖入宮中，張正常於是凝神扣齒，拿著大筆沾著墨書寫一張巨符，投入朝天宮的井中，人們爭相汲取井水，沒多久井水就枯竭了，生病的人飲用了井水，都立即獲得療癒。皇帝因此下令在井上蓋一座亭子，並賜號「太乙泉」。

天師符廣受歡迎的現象一直延續到清代。清代沈壽榕（一八二三——一八八四）在

《玉笙樓詩錄》當中提到，在清光緒年間，「世傳正一張真人符能治鬼，每多出金購之。」他甚至作一首詩來描述當時的盛況：

上清宮乃群仙都，名之正一其尊乎。五斗米師前已徂，治頭祭酒而今無。
陽平賜號傳神樞，六十一代隆規模。紛紛買符如買珠，奇光盤鬱懸靈圖。
蛟虬蛇蚓蝌蚪蛛，筆所未到隨墨塗。丹砂鈐印研珊瑚，召來丁甲降妖狐。
藏同美玉待價沽，誰陳贗鼎難辨誣。

這首詩敘述描繪了清代民間對張天師符的狂熱與喜愛，詩中提到當時的人收購天師符有如購買珠寶，並描寫符圖文字形如蛟蛇蝌蚪，揮灑的筆墨意趣，同時強調天師符上的鈐印，以召來六丁六甲等神來降妖。當時天師符極為珍貴，甚至有許多仿冒品流通在世，令人難以分辨，如同古董市場真偽難分的珍稀至寶。

沈壽榕的詩體現出清光緒年間，第六十一代張天師張仁晸（一八四〇—一九〇二）所書的天師符受歡迎的程度。天師符在世人心中有很高的地位，人們爭相購買，珍藏懸掛，成為一種風氣。許多當時的文人對於時人為張天師符著迷的現象頗不以為然，詬病為巫俗迷信。

事實上，天師符有嚴謹的傳承，書符的天師或正一法官，在個人修煉上需要有一定的基礎，平時也須遵守戒律，存神養心，行功練氣，練化身中的元命真人，透過「五氣法」與「觀日月法」來培固內在的元氣。

在書符的程序上，首先書符者需要依照道法確定其「元命真人」並有其「真號」，這真號是書符之密。書符的時候，要求內外精深，專心一意，這符合前文提到書符須讓心念澄明，將真氣凝聚。而書符之前，道士需要擇日，沐浴齋戒，達到內外潔淨，才可以書符。書符前要坐定，扣齒持咒，並啟師、請聖，宣稱自身的職位與元命真人，然後通告召請神將的緣由，請神將代為作法，準備驅遣。接著依照不同功能的符所，配合點畫散形的各部分，書符的內秘是依照歷代天師所授，每一道符都需要默請主法官將，以及將吏，來輔助靈符，「散形」各部分每一筆都有宗教意涵，將各部分再聚形成為完整結體的符形。一般天師符可以分為符頭、符身、符膽、符腳，天師所傳的符頭樣式有幾種樣式，可依照功能而靈活運用，結合符身、符膽、符腳，結構成形，如此天師符的結體的同時具現其完整性與分殊性的神秘內涵。天師符依照功能大致可以分為請召、醫治、鎮壓、祈禳等幾種，而日常使用上如祈求護佑的「保身符」、「芟邪百解符」；清

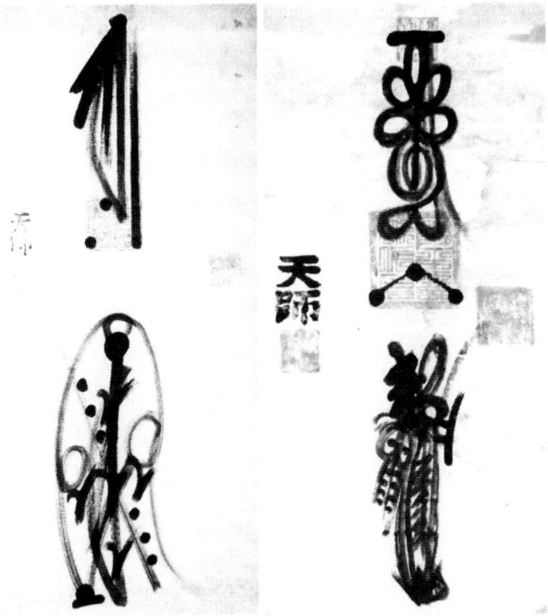

李豐楙教授所收藏之天師符

除煞氣可以用「清淨符」；收驚可以配合用「收驚符」；在安鎮上則有「鎮宅符」、「山海鎮符」、「石敢當符」等等；女性生產所用的有「安胎符」、「生產平安符」；招財方面有「生意興隆招財符」等，其他如「化骨符」、「六畜瘟符」都是涉及常民生活上種種層面。可以想像，在過去民間醫療系統不發達的時期，這些符文為人民的身心靈層面提供某種穩定、安慰與療癒的力量。

宋元以後符圖形式轉為豐富多元，法術傳統的符文更是多彩多姿，在歷史長河中，不斷為符圖文化注入新的生命。文獻載記了許多道派的符文，但是靜態的符圖，如果要起作用，必需法師運用內煉功法、通曉用竅，才能開展用符的效果。

符文的筆畫，既是構成人神溝通、傳遞及作用的媒介，亦在審美上具有傳統書法的美感趣味，強調氣韻生動的線條表現，兼具抽象與圖徵的藝術性以及宗教上的感應與效驗。

歷代的菁英道士、法師對符文做過無數的整理與創造，文人、宮廷都對道教符文有很深的愛好；民間更是符文的孕育土壤，對符文所蘊含的神秘力量，有著很深的信賴，舉凡吉慶、建造、治病、禳災、驅邪、節慶、儀式、占驗等都會用到。符文是中華文化精粹的具體表現，也是俗民日常文化的一部分，蘊含著深刻的人文思想與宗教超越性情懷。

重塑與融合——漢魏六朝「道教」史

李龢書

天步維艱

東漢建寧元年（一六八年）正月二十一日，章帝（五十七—八十八）的五世孫劉宏（一五六—一八九），頭上頂著寬大的墨色冕冠，身上穿著上黑下紅的莊嚴禮服，參加了一場三十年未見的帝國大典。儀式隆重而冗長，這位身上流淌著皇室血液卻成長於民間的新天子，在面對觸目所及的華麗厚重衣飾與繁複典禮儀節時顯得既侷促又不耐；所幸象徵皇帝權威的十二串白玉珠旒自冕上曳下，宛如面具般地稍稍掩去他稚氣而略帶粗野的氣質。在這場冗長滯悶的登基儀式結束後，年方十二的他將正式接掌自高祖劉邦（前二五六？—一九五）以來垂祚三百餘年的古老帝國。或許因為這副擔子太過沉重，這位死後被諡為靈帝的稚齡天子，日後將親手敲響東漢帝國的喪鐘。

劉宏雖是天子，但老天卻很不給面子。建寧是新天子的第一個年號，其中顯然寓含著對天下安寧的念想；但劉宏即位改元的那年夏天，老天就送出一場為期超過六十天的大型豪雨給這位乾兒子權作見面禮，此後一連串的事件對這位小天子而言簡直就像是場醒不來的惡夢：隔年四月，帝都洛陽颳起了大風，風勢之大，將一百多株栽種在天子前往郊祀的路旁約十人合抱般粗的巨木給連根掀起；又因為同時還下起了冰雹，每年定期舉辦的迎氣典禮在這年還被迫中止兩次。三年正月，河內（今河南省北部）傳出妻子吃丈夫、河南（今洛陽一帶）則有老公吃老婆的駭人消息。四年二月則是海水倒灌，五月時除了河東（今山西省境內）因為地震，地面出現了十二條長約六公里、寬約五十公尺，深不見底的巨大裂縫外，還同場加映天降冰雹導致山溪暴漲的壯闊場景；另外晉陽（今山西省太原市）則傳出數十頭巨狼在城南噬人的報導。不僅各種花式天災人禍此起彼落，日蝕異象更是年年不缺。

面對這一鋪天蓋地的末世景象，小天子在即位後的第五年只得改元為熹平：毫不掩飾對維穩工作已失去了信心，只想過上幾天安生小日子的心情。但老天就是不賞臉，帝國不僅年年地照裂水照淹，還玩轉出新花樣：宮中一株原本不到一公尺的樗樹在一夜之間竟暴長到二層樓高，更驚悚的是樹上還冒出一顆如胡人般的頭顱，五官鬚髮俱全，形貌栩栩如生；且在怪樹事件後不久，洛陽城的十二座城門裡頭，最是尊貴的平城門和京城重地的武庫屋居然上演自行崩毀的戲碼。平城門是天子出城參加郊祀典禮時的御用出入口，武庫屋則是貯放京師軍械的軍火庫，日常的修葺自是半點馬虎不得；對於這種官府要地無端崩毀的異象，當時的書法兼文章大家蔡邕（一三二—一九二）引用緯書《潛潭巴》後，意有所指地點評道：「這些現象顯然是因為地位卑下的人卻竊據高位，違法亂紀而導致的災禍吧」。

建寧以來的這些異象，除了樹冒胡人頭可能稍具話題性，其他要是放在今日恐怕還拿不了多少點閱率；但發生在千餘年前的東漢時代，每件可都是足以讓中央領導下台一鞠躬的大事。這種將自然異變與政治掛勾的理論基礎就叫天人感應，在漢代，相關的學說一般被稱為讖緯之學。「讖」，是一種隱晦的預言，戰國時期已登上歷史舞台，讖多和符圖或祥瑞符命一起出現，也因此被稱為圖讖、符讖；「緯」的登場時間較為晚些，指的是在兩漢之際所興起的一種以占驗、術數加上陰陽五行理論等方式來解釋儒家經說的預言文字，因為和經說相對，所以被稱為緯學。讖緯之學大盛之時，緯學甚至被稱為「內學」，其地位較「外學」的經學還來得崇高；七經（即《詩》《書》等五經再加上《論語》、《孝經》）緯是其代表經典。在今日，讖緯之學除了學者出於演講或授課之所需不得不嘮叨幾句外，在一般教科書裡其實不太受到重視；但這一套學問在二千年前的漢帝國學術圈裡可是顯學，學界政界的牛人若不談點讖緯之說顯擺一下自己的能耐是上不了檯面的，前面提到蔡邕所引用的《潛潭巴》，就是正兒八經的緯書：七經緯中的《春秋緯》。

讖緯之說興於西漢末葉，不但支配了當時的思想與論界，也推動著政局的發展：

日後新朝（九—二十三）的建立者王莽（前四十五—二十三）時握軍政大權，先是藉由武功（今陝西省咸陽市一帶）發現一塊上頭寫著「告安漢公莽為皇帝」這種大白話預言的神奇石頭被擁戴為「假皇帝」；三年後更以一紙「赤帝派高祖劉邦提醒黃帝得趕緊換班（赤帝行璽某傳予黃帝）」的金策書就直接當上真皇帝了。讖緯將王莽推上皇帝的寶座，也隨之將他揪下神壇：新朝最終在一群藉由種種「劉氏復起」的圖讖如光武帝劉秀（前五—五十七）等人的造反下土崩瓦解，和嬴秦（西元前二二一—二〇七）同樣短命。諷刺的是，讖緯既使劉氏王朝再興，卻也在漢帝國的頸上箍緊了白綾。讖緯之說與陰陽災異之學需要現實條件的配合，東漢後期天災頻仍的情況，遂成為政治革新勢力的絕佳口實。在這些自然災害當中，令民眾最感絕望無力也是對東漢王朝施以最後一擊的現象，極可能是在史籍中被稱為「大疫」「疾疫」等流行病或傳染病。正所謂明槍易躲：像是地震、乾旱或洪水等天災是眼看得見，耳聽得著的現象，甚至在一定程度上還能預測，民眾尚能避難他鄉；但如瘟疫這般除了束手見證傷病死亡以外，幾乎無從揣度的暗箭就難防了。遠者如十四世紀讓歐洲近半人口消失的黑死病，近者像自二〇一九年底逐漸蔓延全球的「COVID-19新型冠狀病毒肺炎」皆屬此類。疾疫的殺傷力不但遠較其他災害猛烈，像這種看不見的敵人對民眾心理上所造成的畏怖與衝擊也更為嚴重

——在科學醫藥如此發達的今日臺灣社會，依然保有瘟神王爺信仰便是極好的例子。

黃巾與太平

在天災肆虐，民政不修，輿論條件皆具備的情況下，中國歷史上出現了首次打出「蒼天已死，黃天當立，歲在甲子，天下大吉」這種新信仰口號以為號召的大規模反政府軍事行動。估計光榮（KOEI）遊戲「三國志」系列的忠實玩家們，對西元一八四年不會感到陌生。就在這個甲子年（西元一八四年，光和七年，在當年十二月改元為中平）二月，遊戲頭像總是一臉狂暴樣的黃巾首領張角（？——一八四）在鉅鹿（今河北省）起事，這一年也是歷代「三國志」史實劇本中開篇劇本的設定年代。據說張角的徒眾在起事時都頭綁黃布以為識別，因此當時人們將其稱為「黃巾」，又因起事者人數眾多如蟻，也被稱為「蛾（音義同蟻）賊」。儘管黃巾徒眾在起事前因保密防諜工作不夠到位而被迫提前行動，但「旬日之閒（通「間」），天下嚮（即「響」）應，京師震動」。黃巾一役在古代中國政治史上的重要性無庸贅言，歷代「三國志」將其設為開篇劇本可謂深得時代精髓。然而，黃巾徒眾氣勢磅礴的登場除了在政治上具有重要意義外，在思想和信仰史上的意涵也同樣重要。

歷來對黃巾口號「蒼天已死，黃天當立」多按五德終始理論，將其理解為漢代火德將終，新時代的黃巾土德政權將取而代之的表現——前舉安漢公王莽打算拉下舊東家另起爐灶之際的理論鋪排，走的就是這個路子——除了「蒼天」不好解釋為漢家主火德外，這個主流理解與時代背景以及當時的學術風氣可以說基本吻合；但如果放在漢代信仰變遷史的脈絡來看的話，或許還有其他的詮釋空間。正史《三國志》在談到曹操（一五五—二二〇）打青州黃巾時，引用了王沈（？—二六六）《魏書》的說法，說是青州黃巾軍曾寫信勸霸氣側漏的曹孟德停戰，信中盛讚他過去毀廢城陽景王祠之舉完全就是崇奉中黃泰一的黃巾同路人、好哥們，看來曹孟德有著妥妥的黃巾魂，只可惜現在走偏了而已（「昔在濟南，毀壞神壇，其道乃與中黃太乙同，似若知道，今更迷惑」），最後還很盡責地補上自家的口號「漢行已盡，黃家當立」打打宣傳。換句話說，黃巾們心心念念的「黃天當立」、「黃天泰（太）平」、「中黃太乙（一）」，恐怕是一度流行於漢初的黃帝老子信仰，在儒教支配帝國輿論的情況下經過長期的蟄伏與讖緯之說的加乘作用後，最後所產生的信仰爆炸：黃老一脈的新黃天，終將取代儒學的舊蒼天。這可以說是漢初以來黃老信仰者在政爭失敗後，對儒教作出強烈反撲的結果。

大祭司張角的野望

黃巾崛起的另一意義，在於其具有教化與指導的性格。《三國志》描述張角假託神靈，派遣八位使者「以善道教化天下」，完全就是神道設教的手法；張角的「善道」有二，一是拿一般認為是一部名為《太平經》的經典教化世人，另一則是治病。由於流傳至今的《太平經》已經不是完整的版本，也不好說就是張角持有的那部經書；姑且不論《太平經》據說有一百七十卷實在很佔空間，今本《太平經》的內容大多教忠教孝，和張角舞刀弄槍向中央叫板的行為也不大合拍。至於張角施行的治病方式，可說是頗講科學的身心療法：由手裡拿著九節杖、被稱為「師」的指導者讓病人先叩頭反省自身過錯後，再舉行簡單的施咒儀式並讓病人喝下符水就算完事了；如果痊癒，只能說感謝師父讚嘆師父，代表這人信道，如果好不了，那就是這人不信道的證明，死了也只是剛好。這種簡單粗暴的方式，卻為張角招徠了廣大的信徒：「十餘年閒，眾徒數十萬」。記錄在《後漢書》的張角名號除了廣為人知的「天公將軍」外，還有張角自稱的「大賢良師」；比起一國之主，張角的形象或許和大祭司更加接近也說不定。

其實在張角起事之前，小天子靈帝首次改元為熹平的當年，在會稽便有一位名叫許昌的壯士已經先扯旗造反；最後雖然被自帶單挑技能的江東之虎孫堅（一五五—一九一）給虐哭，但這位壯士的名片上頭印的頭銜可是「陽明皇帝」。與之相較，領有八州徒眾（當時東漢的行政區含首都司隸在內，也就十三州）、三十六方集團軍的張角居然只願自稱為「將」為「師」而羞於爽快稱帝，這種霸氣全無的上台方式，不禁讓人懷疑張角造反的政治覺悟程度；也難怪羅貫中（一三三〇—一四〇〇）就索性在《三國演義》裡，讓張角以「不第秀才」的扮相斯文登場了。不論如何，張角這種在《後漢書》中同時集結「賢良師」的指導性格和「天公將軍」的狂暴因子於一身的特質，將深深烙印在日後被稱為「道教」這一信仰群體的文化DNA裡。所謂的「道教」信仰群體在唐前為止的發展路線，基本上不脫與政權合作的「帝王師」角色：如巴蜀成漢政權的「天地太師」范長生（活躍於四世紀初）、北魏的新天師寇謙之（三六五—四四八）、南朝劉宋的科儀大師陸修靜（四〇六—四七七）、梁代的「山中宰相」陶弘景（四五六—五三六）等；以及聚眾造反的雷霆手段：如東晉初年自稱「長生人」的孫恩（？—四〇二）、盧循（？—四一一）於江淮起事、假借讖緯並結合佛教的彌勒下生信仰，自晉至隋屢禁屢起以「李弘應出」名義的起事等。其實，和張角幾乎同時登場的另一信仰群體也看得到相似的特質。接下來，要將眼光轉向帝國西部的漢中和巴蜀（今日的陝南四川一帶）。

被低估的巫二代張魯

以張角為首的黃巾徒眾揭櫫「太平」的理想，利用符水治病的方式吸收信徒，最終採取以暴易暴的手段試圖建立一個「太平」的國度；但滿腔熱血的黃巾們從鉅鹿起事不到一年旋即全面潰滅，此後在歷史上除了偶有黃巾餘黨的叛服記錄外，已很難再找到其信仰活動的蹤跡。真正實現黃巾的「太平」理想，並以神道設教的又一信仰群體，是地處帝國西陲，由師君張魯（?—二一六）在漢中巴郡一帶所建立起的五斗米道王國。

和卡里斯瑪值爆表、一言不合就造反的張角不同，張魯既有野心，更有手腕。張魯出身的西南地區夷漢雜處，信仰風貌各異，一般將此地的各種信仰籠統地稱為「鬼道」，其領導者或稱「巫」、或稱「師」，張魯的娘親便是當地的巫師之一。根據《三國志》的說法，張魯他娘就是個美魔女（「有少容」），估計駐顏有術而被認為身懷不老奇方，也因此和劉焉（?—一九四，時為益州牧）這個入駐益州的外地軍閥攀上了關係，而張魯還順便蹭到了督義司馬這職銜。在張魯他娘得勢前，巴郡（今重慶和四川省東部）其實還有另一位鬼道的巫師叫張脩，因為找他治病的門診掛號費就一口價：五斗米，所以又被稱為「五斗米師」——這稱號和張角的「大賢良師」相比要接地氣多了——在黃巾起事的當年夏天，張脩也在巴地向漢帝國舉起反旗，只是沒多久就換成白旗了。正所謂瘦死的駱駝比馬大，落敗的張脩依舊是巴郡一霸，新軍閥劉焉要想維穩，還是得靠張脩的影響力：建安十年（二〇五）所刻的〈巴郡太守樊敏碑〉（今存於四川省蘆山縣）就直說「米巫凶虐」，這樣的戰鬥力簡直不可多得。劉焉甩給張脩這位五斗米師一個別部司馬的司令官後，就命他帶著一幫兇虐的米巫，和政壇新寵張魯一同去打北邊的漢中。沒想到這一打，卻為張魯打出了千年的基業來。

有道是人前手牽手，背後下毒手。在二張合力之下，漢中固然是打下了，但結果恐怕出乎劉焉意料之外：初上戰陣的巫二代張魯，居然火併了和中央軍幹過架的實力派老巫張脩。其實張魯心裡很清楚，同樣身為鬼道的指導者和劉焉的合作對象，自己的實力可遠遠不及張脩，劉焉給二人的軍銜就是再明顯不過的事實：漢中一役的真正領導者是張脩，而不是張魯。張脩當的別部司馬，在漢末可是實打實的部隊指揮官——關二爺、張三哥追隨劉老大在徐州討生活時，名片上寫的軍銜就是別部司馬，而當時劉老大手下能帶兵的也就這倆人，別部司馬的職權之重可想而知——督義司馬不過是個虛名的軍銜（正史中受此職銜者僅張魯一人），監軍的意味相當濃厚。除了讓張魯盯緊張脩外，老司機劉焉還留了一手，把張魯他娘親和家人都給押在了後方，以防二張統一戰線後在前線造反；只能說城裡的人真會玩。張魯吃下張脩的部眾後，劉焉還沒來得及處理攢在手中的張魯家人就先伸腿走了，接過家業的劉璋（一六二—二一九）倒是很果斷的了結了張魯全家；但此後，官二代劉璋面對從此獨立的巫二代張魯，就再也沒打贏過。

漢中桃花源

張魯從五斗米師張脩手中接收的，不只是驍悍的巴人部隊，還有追隨張脩的鬼道信仰者；在張脩死後，他們依然忠實地執行張脩的教法。張脩的教法除了讓病人叩頭反省自身過錯、服用符水的部分和太平道首領張角施行的方式相去無幾外，張脩還在這基礎上將之儀式化：在名為「靜（靖）室」的潔淨空間裡頭讓病人反省自己的過錯，並設置名為「鬼吏」的專業禮儀師為病人祈求禱告。禱告的過程也很講究，鬼吏得寫三份附有病人姓名的反省文，分別埋在山上、地裡以及沉入水中，算是向天、地、水三官悔罪報告過了，病人要再不痊癒那就是覺悟不夠高，和鬼道可再沒干係；這反省文還有個名頭，叫「三官手書」。不僅如此，為了提高信徒的文化水準，張脩還指派名叫「祭酒」的高級教員，專門講解《老子五千文》，因為怕教育得不夠徹底，也另行設置學習指導員，叫「姦令」，專門督促信眾的學習進度。由於《老子》篇幅短小，雖便於記誦，但內容卻十分深奧難解，考慮到當時施行的實際情況，有不少學者認為上個世紀在敦煌出土的《老子》注釋書抄本《老子想爾注》（S.6825）內容相對平易近人，且裡頭又多規勸文字，很可能就是當時在漢中傳誦的《老子五千文》。

巫二代張魯在張脩的這一套措施之上，再增添了幾項規定：一是確立了信眾的階級，將剛歸附的信仰者稱為「鬼卒」，老資格的「鬼卒」可升為「祭酒」，並統領一定數量的信眾；至於徒多勢大的祭酒，就成為「治頭大祭酒」。當然也有特別辦法，像是日後貴為蜀漢五虎將之一的馬超（一七六—二二二），在不敵孟德攻勢只得帶領殘部投奔張魯時，就被張魯任命為「都講祭酒」——很難想像這位和喜歡露點的虎癡許褚（？—二三〇），在潼關外打得基情四射的錦馬超會是個五斗米道的信徒——至於張魯則自稱「師君」，也就是漢中鬼道的教主了。而各個祭酒的轄區一般稱為「治」，日後還有將這些「治」規整為以天師直轄的「陽平治」為首，進而形成所謂「二十四治」體系的說法；而各治的祭酒每年則須在正月七日、七月七日、十月五日（或十五日）等被稱為「三會日」的特殊聚會日裡，清點治下道民的戶籍資料，並收納一種被稱為「贖信」的會費。再者，是確立社福體制，讓各地的祭酒在自己的管轄範圍內設置類似於今日里民中心的「義舍」，「義舍」裡頭擺放大米和鮮肉以供遠行的朋友免費取用，但拿過多的話，下場就是被生病（「鬼道輒病之」）。至於在日常生活中若是犯法，三次還勉強算是容許範圍，再犯就該咋辦咋辦了。但這部分依然有特殊條款：如果犯的是小過，可以不用自首，只要偷偷修好大約一百六十公尺左右的道路就可自動免罪，非常合算，先進程度狠甩中世紀歐洲流行的贖罪券十條街不止。此外，考慮到小國寡民的生產力有限，漢中全面禁止喝酒，所以不存在酒駕問題；春夏二季也不准打獵，簡直佛心來著。張師君的這套辦法非常有效，「民夷便樂之，雄據巴漢垂三十年」。

上國殞落

張魯是個政治精算師，深諳不作死就不會死的道理。他治下的漢中王國，一日有民眾在地裡發現了塊玉印，消息傳出後便有人攢弄張魯乾脆起來稱王，只是這位巫二代很冷靜的拒絕了；但即便如此，最終還是擋不住孟德對這塊風水寶地朝朝夕夕的思念：建安二十年（二一五年）春，曹操揮兵西指，先給張魯的主戰派小弟張衛來一頓胖揍後，同年十一月，聰明的張魯貼心地為孟德盤整好漢中地方銀行的錢糧珠寶後，就瀟灑地揮一揮衣袖躲回老根據地巴郡去了。擺在張魯面前就兩條路，一是降劉、一是降曹（考慮到他的黑歷史，基本上不存在自戕這種壯烈的選項）；師君果然不負眾望地做出了神決定：「比起去草鞋哥那當大爺，我還不如幫曹董開車咧（《華陽國志》〈漢中志〉：「寧為曹公作奴，不為劉備（一六一—二二三）上客」）」。

這場以退為進的戲演下來，孟德也就順水推舟的接受了張魯的請降，不但沒殺他，還封魯為鎮南將軍、閬中侯，甚至將張魯五個未成年的小孩和重臣如閻圃等人也全都封為列侯，且和張魯聯姻結成了親家；敗軍之將居然受得這般榮寵，這讓《三國志》的注者裴松之（三七二—四五一）不禁白眼直翻，大呼「過矣」。另一方面，和太平軍交過手的孟德當然清楚這種信仰群體的威力，因此採取不屠城但也不留人的辦法：除了先立馬將張魯一族遷往自己的大本營鄴城（今河北省邯鄲一帶）就近監視外，之後數年更分批將漢中的住民數萬人陸續北遷至洛陽、鄴城等地，漢中的鬼道王國可說就此瓦解，而孟德對於這股力量的戒慎恐懼之情也一望可知。張師君被轉移到鄴城不久後就去世了，根據當時的局勢研判，也不無被消失的可能。

永恆的念想

和一上場便圈粉無數，差點將大漢王朝給掀翻的大賢良師張角相比，師君張魯走的是悶聲發大財的套路：殺張脩、併漢中、北拒曹馬、南抗二劉，最後不僅在群雄環伺下全身而退，還澤及後世，算得上是指點江山的一代梟雄。可惜張魯在歷史上老刷不出存在感——在政治史上的名聲既不如天公將軍張角，在道教史上的名頭也遠不及他傳說中的爺爺「初代天師張道陵」——若不是三國遊戲賣得太紅火，恐怕沒多少人知道這號人物。但他所領導的五斗米道王國和他的事蹟，有兩點非常具有代表性。一是關於長生成仙的想望，另一則是少數民族的信仰傳統、或云南方傳統。先談前者。

不論是毛澤東（一八九三—一九七六）〈沁園春〉筆下「略輸文采」的秦皇漢武，抑或「只識彎弓射大鵰」的一代天驕，這幾位為了江山競折腰的英雄們的共同之處，就是老想著要長生不老。在這幾位皇帝的心目中，和打仗花公帑同等重要的大事，就是砸人砸錢入手長生不老藥。中國史上第一位皇帝秦始皇（前二五九—前二一〇）瘋長生瘋到後來索性連「朕」這個皇帝限定的稱謂也不要了，奏章上的落款直接從「『朕』知道了」改為「『真人』就是這樣的漢子」；還親自下海找仙山，搞得連鯨魚躲在水裡也中槍（《史記》〈秦始皇本紀〉：「自以連弩候大魚出射之……射殺一魚」）；漢武帝（前一五六—八十七）就更甭說了，司馬遷在《史記》〈武帝紀〉花了四分之三的篇幅，描寫這位當朝天子如何一天到晚正經事沒幹半點，吃飽撐著就是鼓搗各種祭祀求仙的過程；至於成吉思汗（一一六二—一二二七）這位蒙古族的血性漢子如何也加入這場瘋狂的遊戲，建議各位抽空服用金庸大師《射鵰英雄傳》關於全真七子丘處機（一一四八—一二二七）的部分，以及二〇一三年電影《止殺令》，估計能飽嘗一場難忘的知識饗宴。

在漢代，不只皇帝們希望長生不老，地方王爺們早些時候如西漢的淮南王劉安（前一七九—前一二二）、晚點如東漢的楚王劉英等也都瘋長生；再從馬王堆西漢墓掘出的〈導引圖〉、張家山西漢簡裡的〈引書〉、乃至於各路方家們在兩《漢書》時不時出現搏版面等現象可以清楚知道，追求長生不老在漢代妥妥的就是個全民運動。當然，長生、不老、成仙是不同的追求：抱著盡可能活久一點，世上的樂子也就能多嘗一些這種想法的，基本就是單位上的各級領導和大小老闆們；不見得非長生不可，又或者是想入手長生2.0版：既要長生也要少容永駐的，大約是志玲姊姊級別的想望；至於一心想成為遊走天上人間，標榜著他人笑我太瘋癲，我笑他人看不穿的仙人，其實就是社會邊緣人搏眼球的有效方式之一。如果知道這個大背景，再看〈獻帝傳〉關於左中郎將李伏稱張魯「沉溺異道變化」的描述後也就不會感到訝異，師君張魯顯然也是個被政治給耽誤的神仙家。由於成就長生不老這目標也不挺難，只要家裡的銀根夠厚，入手不老仙丹喫下便成；前面提到張魯的被消失，除了有政治的因素，從他正當壯年以及李伏的描述來考慮，也不排除是誤食丹藥中毒的結果。

胡漢共和國

時代的洪流在張角、張魯及其所帶領的群體上刻畫出了深深的印記，他們從歷史中崛起，也必然走入歷史中去。在二張站上歷史舞台前，漢帝國東部地區北自燕齊（今河北山東）南至荊吳（今湖廣、江浙沿海）各地，自古以來便有著無數追求長生成仙的大小群體，當時更有結合讖緯等顯學以進獻大漢朝廷如《天官曆包元太平經》、《太平清領書》等神書出世的記錄，可以看作是廣義的東部練養傳統經典化的呈現，「太平道」算是其中的代表。至於從帝國西陲開展出的巴蜀「五斗米道」，則象徵著具有強烈少數民族因子的西部練養傳統，「五斗米道」還往往和神格化的老子即「老君（鬼）」或「太上老君（鬼）」一同出現——後者不僅在許多經典如《老君音誦誡經》當中是至尊神，在南朝的地下世界如劉覬和徐副的買地券，或者是在北朝的部分造像裡頭也都被奉為至尊神。

少數民族的因子之所以重要，在於它不僅反映了時代的特徵，也回應了時代的需求。本文一開始提及靈帝在位期間出現「樹冒胡面」的異相，其實是日後西涼軍閥董卓（？—一九二）一黨將率領漢羌混搭部隊擊碎帝國首都厚牆的預言；不用等到五胡來攪亂西晉政局的一池春水，三國諸多戰將的部隊裡哪方沒有異民族、又哪方勢力不需處理胡漢問題？五斗米師張脩所部的鬼道成立於巴郡西部，張魯接手後更以漢中為核心，其勢力甚或輻射至巴蜀全域；史稱其治下「民夷便樂」，不僅指出二張的統治辦法可行，更暗示了鬼道對待少數民族所抱持的開放態度。這種開放態度也影響了後世的經典，如南朝《正一法文太上外籙儀》、《太上洞淵神咒經》當中特意為異民族打開入道之法，或描述入道的可能；更早如東晉《太極真人敷靈寶齋戒威儀諸經要訣》更直接將東南西北中五方，分別劃給異民族的老君掌管：「東九夷胡老君、南八蠻越老君、西六戎氐老君、北五狄羌老君、中央三秦傖老君」。這種胡漢融合的傾向並不僅是紙上談兵，北朝造像也出現了許多如「茘非氏造像碑」等胡族（茘非為羌人的漢姓）所立的道教造像碑。當我們瞭解到重視或正視異民族的存在既然是深植於五斗米道傳統中的因子，也就不難理解為何南朝道士顧歡（活躍於五世紀中末期）會有〈夷夏論〉般的論述了。

搶錢、搶糧、搶地盤

危機便是轉機。在師君張魯歸降曹氏政權後，五斗米道道民儘管失去了最高指導者而被迫北遷，但也以此為契機，逐漸在大江南北開枝散葉；日後不僅打響了張天師的名號，天師張家一系更和衍聖孔氏一族併轟神州大地，至今不墜。但這已是後話，北入曹氏政權後的鬼道、或云五斗米道道民們的處境並不樂觀。擺在道民眼前的信仰實況是，除了東部地域的太平道傳統和荊揚一帶的各種方技勢力外，還有方興未艾的佛教力量和深植各地的巫俗信仰。太平道儘管被東漢的政府軍給打得趴下，但並未完全消滅，不僅殘黨還在各地起事，太平軍的精銳部隊更被眼光獨到的曹操收編為青州軍，與虎豹騎並為孟德麾下的陸、騎二大特種部隊。與虎豹騎聽命於曹氏宗族不同，青州軍基本上直屬於曹操，操死後剛上位稱帝不久的曹丕（一八七—二二六）還因青州軍造反而差點丟了帝位——青州軍在亂世中猶存這種高度忠誠的性格，除了孟德的個人魅力外，恐怕和其前身為黃巾軍的信仰屬性有關。被東漢政府軍弭平的太平道餘黨既然尚能以軍團之姿活躍於曹氏羽翼下，黃巾起事前在帝國東部早已佈道十數年的太平道勢力只要不是叛亂起事，估計小規模的信仰活動依舊仍是持續著的。加上前面提過太平道與五斗米道教法的一致性頗高，對五斗米道道民或太平道道民而言，雙方合作應是一條可行的辦法。

至於荊揚一帶如帛家道、李家道等各路的方家練養群體，因為組織性不強，規模不大，既可走合作的陽關道，也能像丹家葛洪（二八三—三四三）般地堅選傳統的獨木橋；而當時佛教勢力的情況也有類於此，且因市場區隔性太高，還不到互搶信眾的階段，對五斗米道道民而言，還不足以構成致命的威脅。最麻煩的對手，在於根深蒂固的各地「俗神」信仰，和地方的「師巫」等從業人員。地方的俗神信仰不僅是五斗米道道民在新天地想站穩腳跟時最棘手的競爭對象，歷代政府對俗神的打擊活動更是從沒停過：遠自戰國時期的鄴（今河北邯鄲一帶）令西門豹誅除河伯娶親舊習，略近者如清末的毀淫祠興學運動、乃至臺灣總督府檔案《臺灣舊慣調查事業報告》等相關的記錄可謂不絕於書；光是東漢末葉，便有前面提到被曹操禁毀的城陽景王祠，以及被孫權（一八二—二五二）封為鍾山山神的蔣子文信仰等。

再造傳統與走向融合

換句話說，這個有著強大生命力以及和遠古的巫覡傳統有著千絲萬縷的關係，並扎根於地方且深入民間的各地俗神信仰，才是自漢中播遷的五斗米道、東部傳統的太平道、荊揚諸方家的練養群體、乃至於後起的帛家道、李家道等打著某「道」名號的新型態信仰群體在信仰市場上的最主要對手。這些群體——受限於史料，幾乎難以區分是哪種「道」的成分多些——採取的方式有二：一是堅守陣地，二是重塑傳統。俗神信仰的特色之一，在於「血食」，像是儒家經典《禮記》〈王制〉規定天子以太牢（即全牛）祭天的血食祭祀傳統；為與之區別，東晉南朝的部分道經如《陸先生道門科略》、《三天內解經》等都強調「神（鬼）不飲食、師不受錢」的「清約」之法或「三天正法」，又如《正一法服天師教戒科經》、《老君音誦誡經》等北朝道經也都不約而同地提到了類似的概念。換句話說，以新型態「清約」之法取代各地「血食俗禱」的傳統，主打的就是新品牌的市場區隔戰；如果放在已持續千年以上的中國祭祀長河中來看，這種「清約」觀念其實很具革命意義。今日臺灣的各式道教儀式當中，往往可看到堅持「清約」之法的內道場，和「血食」犧牲擺滿供桌的外道場共處於相同祭祀空間的場景，可說這場持續千餘年的祀典革新運動依舊上演著。

第二種方式影響深遠，可以說決定了日後所謂「道教」的發展方向。那就是透過「重塑傳統」的手段以強化自身認同，並融攝各種傳統的經典論述模式。在魏晉南北朝獨特的歷史背景下，從唐前的各種道教經典內容大多可以看出不斷累加的重塑痕跡，唐前的「道教」史幾可說是在此基礎上所建構出的融合史。最顯著的例子，莫過於重塑出一位漢中鬼道師君張魯傳說中的爺爺張（道）陵，以及由「張陵、張衡、張魯」三張所聯繫起的所謂「天師、嗣（系）師、系（嗣）師」這一漢中傳承譜系。張脩、張魯所領導的鬼道據點遠在帝國西陲，但重塑出的三張一家籍貫卻遠在東部的沛國（今江蘇、安徽、河南相接一帶），日後三張的遠祖更直接上溯至西漢開國三傑之一、有如國師般地位的張良（前二五〇？—前一八六），進而構成一條完美融合東西部信仰傳統的「帝王師」譜系：前文提到深謀遠略的巫二代張魯老刷不出存在感的根本原因，也就在此。

重塑的手法既可如漢中三張譜系般地進行追認，也能透過再評價的功能以拉高自家傳統。荊揚地域的方士型群體，在接觸過更具規模的信仰組織或傳統後所採取的辦法就是後者。好比說東晉時期在句容（今南京郊區茅山）的修道練養群體作成了以神真降誥（類似今日臺灣的扶鸞活動）為中心，主要闡述以服食日月精華、存守三一等修煉法門而被稱為《上清經》的一系列經典當中，就是藉由貶低張陵的教法與太上老君的地位，以獲得拉抬自家傳統的效果。重塑也可以是一種新傳統的創造：針對前述的茅山降誥資料，前文提到的「山中宰相」陶弘景以一種近於當代史料學的方式加以蒐集整理，並為之注釋而編成一部稱作《真誥》的重量級作品，其中〈翼真檢〉一章描述上清諸經的傳播過程時，談到有位叫王靈期的奉道者，因為看到當時另一位叫葛巢甫的傢伙編造出一種名為《靈寶經》各種經典，居然還「風教大行」後，便也有樣學樣，捏造出了一批《上清經》來。

前述《靈寶經》經群的大量問世，較《上清經》稍晚些，但一方面其流行地域和後者相去不遠，且上清、靈寶相關的主要幾位傳承人物也多有師徒甚或姻親關係，雙方的競合情形透過〈翼真檢〉可說一覽無遺。正是在這批《靈寶經》裡頭，有一批以葛仙公（即葛玄，成仙後被封為太極左仙公）為主角，而被稱為「仙公系」靈寶經典群，在經中便極力拉抬太上老君、張道陵和《道德經》的地位；而在另一批融合了大量佛教思想，以新神靈「元始天尊」為教主，以宇宙本源終極存在之「天書」作為靈寶經典神聖性來源的「元始系」靈寶經典，則透過完全相反的模式以塑造自身的權威。

這種大亂鬥的情況，在日後逐步透過經典分類體系如「三洞四輔」（三洞：上清經為「洞真」、靈寶經入「洞玄」、三皇經進「洞神」，另將老子相關經典立為「太玄」部以輔助洞真、立《太平經》相關經典為「太平」部以輔助洞玄、立金丹服食相關經典為「太清」部以輔助洞神、立五斗米道相關經典為「正一部」以輔助各部），或類書的編纂如北周《無上秘要》、隋代《玄門大義》、初唐《道教義樞》等，以及道教至尊神如「三清」（當今全真教位於北京的大本營即白雲觀之「三清殿」所供奉的三清為：元始天尊、靈寶天尊、道德天尊），乃至於道經籙位的發給（據不晚於初唐的經典《三洞奉道科誡儀範》，道士的位階有最初階的「正一籙生弟子」到最高階「上清玄都大洞三景弟子・無上三洞法師」）等，從經典、教義、神靈體系、道官制度等各方面作了艱難的統合作業後，最終開出了得以與儒釋二教鼎立的局面。

從「道」到「教」

最後不得不提的一點是，在兩晉時期儒教、釋教互為犄角的情況下，本來是沒有「道教」側身餘地的。在南朝顧歡或北魏寇謙之明確打出「道教」這旗號前，如繁星般點綴於神州大地上者，是被稱為「方僊道」、「太平道」、「五斗米道」、「帛家道」等各種型態的「道」，也就是以某種修煉方式為主的群體；基本上並不具備「道教是奉祀宇宙絕對真理、終極本源之『道』的教法」這種高大上的定義內涵。「道教」得以開出與儒釋二教鼎立之局，佛教在過程中的作用可謂居功厥偉。道釋二教這對在《後漢書》當中一同以「黃老浮屠」面世的難兄難弟，從修練方法、齋戒制度、經教思想等各種層面上，早已如管道昇（一二六二—一三一九）〈我儂詞〉「我泥中有你，你泥中有我」一般地互有深刻的影響。反過來說，甚至可以認為，如果沒有佛教的東傳，是否能出現可以和中國傳統文化的霸主——儒家——一爭雄長的「道教」、是否還能存在和孔府並立千餘年的天師府，恐怕很成問題。至於道釋二教間各種精彩的恩怨情仇，那就是另一個課題了。

漫漫離家路

——走入社會的唐代道教女性

方韻慈

唐代有一群女性，格外引人注目。有人稱他們女冠、女道、女師、甚至在世之時就被尊為仙真，為地方官吏百姓擁戴；也有人稱她們是妖物，掌握政權、禍亂百姓，甚至也有士人混用仙真名稱，妝點狎妓的風流意味。這些女性有人是皇室的公主、詩人戀慕的對象、嬪妃的老師、皇帝的愛妃、官吏的愛妾、地方的孝女，她們是傳奇小說作意好奇的角色原型，也是國家遭難時帝王、官員爭相傳誦的活神仙，更是庇護鄉里、傳經傳法的護教法師。若再細看，她們的社會階級橫跨皇族至百姓，歸返道門的前因後果也各有曲折，這群女性透過道教的思想文化，取得了獨立於傳統家庭的力量，也對後世產生了深遠不一的影響。不過妖物、天仙、女師等稱呼，褒貶不一，女性在唐代的修道生活究竟是什麼樣子的呢？是否如文人詩歌吟詠中一般風流自在？還是其實清寂無聊、是極盡克制的苦修生活？

政治刺客聶隱娘

唐代傳奇〈聶隱娘〉可說是個經典的例子。聶隱娘十歲遭女尼擄去，並依女尼命令暗殺他人。雖然小說文本中的女尼應該是佛教徒，但是，她與徒弟聶隱娘的行事卻充滿濃厚的道教色彩：聶隱娘在練劍初始，比丘尼就賜藥助長徒弟功力——這是道教的「服食」傳統，藉著服用特殊的飲食、丹藥求得長生不老；聶隱娘服藥之後，帶著長劍，能在峭壁上行走如風，比猿猴還迅捷——這是道教的「登涉」傳統，道士們會帶著劍、鏡保護自己，入山求道修行；聶隱娘青春永駐，多年後有人在市集偶見，仍保有昔日容貌——這是道教的「養生」傳統，就像道徒們藉由修習各形各色的道術，追求肉體的不朽。女尼多次派遣聶隱娘暗殺奸人後，雖放她回歸鄉里，但聶隱娘卻再也回不去單純的女兒身份。她在父親追問之下，道出自己並非進入尋常佛門念經誦禱，而是早已習得一身驚人業術，能隨意取人性命，而且女尼在送聶隱娘歸家之前，更將暗殺用的刀刃密藏在她的後腦，常人無法辨識拿取，只有聶隱娘可以依照一己意志取刀、藏刀。聽聞此事，父親對女兒的憐愛便轉為敬懼，無法將女兒視作常人看待。而聶隱娘身挾奇術，成為他人聞風喪膽的刺客，婚事也不再聽從父母安排，回家不久，就自行選擇嫁與鄰里的磨鏡少年，父母也不敢違逆。

聶隱娘回到俗世後，不像傳統女兒那樣侍奉父母，相夫教子；相反地，她選擇以刺客身份走入公眾社會，而這項選擇，和父親也有關係。父親聶鋒是蕃鎮魏博的大將，在蕃主要求之下，聶隱娘受父命刺殺劉昌裔，卻戲劇性地折服於劉昌裔的先知先覺，因此決意和丈夫一同轉投幕下，甚至挺身對抗魏博先後派來的其他刺客，此時，聶隱娘已完全脫離了家庭，走向個人的生命道路，而這條道路，和聶隱娘的宗教信仰有著密切的關係，若非劉昌裔未卜先知的能力，恩威並用地懾服了聶隱娘，她應當還是追隨父親的腳步，為魏博軍鎮奔走殺人。在唐代，藩鎮派遣刺客執行政治暗殺並不只是小說家的杜撰，憲宗時期，宰相武元衡、大臣裴度就曾遭到藩鎮李師道派出的刺客暗殺而一死一重傷。不過，由身懷奇術的女性擔任刺客，是這個故事最有魅力的地方，聶隱娘從父母溫暖的懷抱，輾轉為女尼擄至山中、偕猿猴飛山走壁、深夜奔走軍閥宅院行刺的精彩生涯，不只是女刺客出入軍閥鬥爭的奇幻驚駭，更指出女性入道之後，藉著宗教的威能與法術，得以擺脫傳統家庭，進而公共領域，實踐一己意志的傳奇本事。

芳魂再返的楊貴妃

聶隱娘故事，設定在中唐時代，不過，早在盛唐時期的貴妃楊玉環在白居易的編造與想像下，也曾出入道教。白居易的想像之筆極受歡迎，投射了安史之亂過後唐代人的想像，也接近當時社會的普遍想法。安史之亂後，天子六軍不願再為玄宗征戰，帝王無奈之下，以一條白綾賜死在馬嵬坡。死得轟動天下，被視為紅顏禍水的楊貴妃，在白居易的〈長恨歌〉中，重新以太真仙子身份現身。根據〈長恨歌〉的描述，楊貴妃遭賜死，終於讓天子六軍願意發兵對戰安祿山、史思明的兵馬，多年後，戰亂平息，重回長安城的唐玄宗回憶往事，無法安寧，夜夜歎息流淚，追想昔日愛侶，延請道士向黃泉碧落尋訪，苦苦招魂之下，終於在海外仙山找到一位名為太真的仙子，透過道士轉達，仙子雪膚紅顏，正是楊妃容貌。在唐玄宗的聲聲呼喚下，楊貴妃的芳魂從海外仙山飄回，兩人重聚在昔日恩愛的長生殿上，誓言相約來生，因此留下了雋永的詩句：「在天願作比翼鳥，在地願為連理枝；天長地久有時盡，此恨綿綿無絕期」。

喜歡〈長恨歌〉的讀者們，不免在讀完詩歌之後，為唐玄宗和楊貴妃欲斷未斷、超越死生的永恆情愛所感動，比起在清冷孤寂的海外仙山孤單終老，讀者們更願意相信楊貴妃沒有拋卻人間俗念，再度重返大明宮和唐玄宗廝守終生。〈長恨歌〉所寫，聲聲招喚女性歸來的思念，凝聚了歷代讀者的期望，也是女性在現實生活中出家所最難跨越的第一道關卡。女兒在出家之後，自小憐愛護佑她的父母將何所憑依？妻子出家之後，孤單淒涼的丈夫將何去何從？母親出家之後，孤兒幼子該由誰來撫養照顧？女性的出家，帶走的不只是一位專心向道的信徒，更是支持家庭運作的母親、妻子、女兒，可能造成傳統家庭秩序的崩塌，因此格外艱難。所以我們往往在女性成仙的故事中，看見了升仙女性重返家庭的情節，有的是像楊貴妃一樣，誓言再續前緣，有的則是用她的宗教超能，幫助家庭重整秩序，修道女性的離家之路，遠比男性來得艱難漫長。

楊貴妃在現實生活中，其實只是馬嵬坡的血污遊魂，所有關於她一生的幸與不幸，早已終結在那一條白綾之間，不過，唐代的士大夫經常透過詩歌反覆歌詠此事，例如杜甫、李商隱，都曾寫下為安史之亂而死的楊貴妃，懷想美人不幸、批判玄宗不能施行德政的詩句。在這些美麗的詩句之中，白居易選擇讓楊貴妃化為仙子重返皇城，是相當特殊的角度，楊玉環在昇為太真仙子之後，一旦動了情慾的念頭，就得再重返人間修行，而修行的方式，是和玄宗再續情緣，希望兩人的關係可以善始善終。〈長恨歌〉既有和杜甫、李商隱詩歌一樣的批判，也有宗教的寄託。他批判了當時公卿大臣們將帝國崩毀歸咎於楊氏一族，卻不知反省的自大與卸責。而從宗教的角度來看，楊妃死後不是化為塵土，而是飄至海外仙山修煉，繼承了道教仙話的故事傳統，女性生前的種種遺憾，往往要借他界的威能，才能得到伸張。不過，就〈長恨歌〉的描述來說，男性的立場還是很鮮明的，楊貴妃死而不滅、升天登仙的想像，主要還是回應玄宗的悔恨與思念，至於貴妃本人的痛苦與掙扎，卻少有刻劃。我們很難理解，為什麼楊貴妃已在馬嵬坡被玄宗賜死，還願意回應玄宗託付道士傳來的聲聲呼喚，她是經歷了什麼樣的心理轉換，選擇放棄自己在海外仙山修行的清靜生活，而繼續重返人間，選擇重新愛上那個奪去她性命以求自保的男人？貴妃的心中難道沒有一絲怨懟嗎？她似乎癡情又純真，完全不將自己的死亡放在心上，一心為治癒唐玄宗的遺憾而重返人間。對於這樣單薄的女性角色刻畫，讀者也只能這樣想：白居易〈長恨歌〉以楊妃重返人間為創意，試圖療癒在安史之亂後創傷的當代心靈。不過，這些可以接受療癒的心靈，恐怕還是以男性角度為主。

孕經而死的張玉蘭

楊貴妃的魂魄再次回到人間，是為了和唐玄宗再續情緣。不過，許多女性成仙升天，卻是為了彌補不一樣的家庭遺憾。

另外一位女性張玉蘭，她的名字一般人或許有些陌生，但提到她的祖父——張天師——道教的開派宗師，讀者或許就有印象。張玉蘭的升仙故事，訴說了女性未婚懷孕，不被家人接受的痛苦。

張玉蘭從小不食葷血，頗有向道之心。有一天，她夢到一道紅色的光芒從天降下，這道光芒纏繞著數十尺的金色篆文，不由分說便竄入張玉蘭的口中，玉蘭醒來之後惶惶不安，意外發現自己已懷有身孕。母親不明究理，嚴厲責備她。張玉蘭始終不向母親明言自己遭遇的奇事，只向親近的侍婢傾訴。某一天，張玉蘭又向婢女說：「我不想再忍辱活下去了，在我死後，請剖開我的肚子，證明我的清白！」當晚，張玉蘭竟然無疾而終。婢女慌張地將事情原由稟告張夫人，張夫人悽惶之餘，既不忍剖腹傷害女兒遺體，也不忍違背女兒的誓言，希望洗刷她的冤屈。正在左右為難之餘，突然之間，一朵蓮花從張玉蘭的肚腹之間穿透而出，撥開花瓣，竟然藏有鑲了金邊的《本際經》十卷，內容與字體超越人間文書的美妙，渾然不似是人世間當有的經卷。開腹得經之後的一個月間，張玉蘭的尸身旁邊經常散發異香，家人為了安慰芳魂，轉寫《本際經》來安葬她。又過了一百多天，突然風狂雨驟、雷電交加，天地無光之際，《本際經》突然消失無蹤，而張玉蘭的墳墓也同時裂開，棺木飛出，降落在墳前巨木頂上。家人擔憂之下，爬上巨樹查看，卻發現棺中早已空空如也，不僅芳魂渺渺，連肉身也消失無蹤，無從追尋。

張玉蘭未婚懷孕，不見容於家族社會，她的痛苦與忍辱，是故事的情感主軸。而在玉蘭死後，一物如蓮花從她肚腹而出，不是胎兒，卻是一部道教經書——《本際經》，文字閃耀著金色的光芒，為拯救愚昧的世人而來，充滿了神異性的轉折，撫慰了讀者為玉蘭抱屈的憤懣感受。女性費盡千辛萬苦而產下的，竟是可以傳誦千古的經典書籍，而不是呱呱啼哭的無知小兒，實在是傳統中國故事的「神轉折」！因為天降感應而未婚懷孕的情節，是遠古故事解釋人類起源的常見記事。張玉蘭的這則記事，在《水經注》也有記載，女主角的名字不變，只是《水經注》的張玉蘭產下的是水中悠游的龍子，而不是長二丈許、幅六七寸的道教經書。《水經注》中的張玉蘭在水邊浣衣，一道濃霧忽然襲來，張玉蘭就此懷上身孕，產下兩條龍子，因為張女深以未婚懷孕為恥，投漢水自殺而死。死後，產下的龍子經常在母親自殺的地方往來游水，游出了一道新的支流，後來，當地人就稱為女郎水。《水經注》記載，沔水南流與漢水交匯處，稱作女郎水、南邊有女郎山、山上有女郎冢，都是為了紀念張玉蘭。

對於讀者來說，經書換龍子的情節，可能只是角色的小小調整，不過，如果你是一位未婚懷孕的唐代女性，也許在現實的壓迫之下，讀著兩個版本的故事，你會為自己採取完全不同的應世策略。早期傳說中女性未婚懷孕，不見容於家庭社會的問題，母親的壓力與痛苦，是交給男性子嗣，也就是故事中的龍子來解決，設想，如果張玉蘭產下的不是龍子這種具有神聖意味的男性後代，而是一個普通的人類女孩，或者是蟲魚鳥獸等異形、異類，她的行為就不可能獲得正當性。否則故事也不會「神轉折」，為無辜的張玉蘭得到平反，她只會是一個違反社會期待的悲慘女性。因此，這個傳說中有一個隱藏的訓示：女性言行的正當性，往往並不交由女性自身驗證，而是必須透過具有影響力的男性子嗣來驗證。因此，假設你是一位未婚懷孕的唐代女性，讀完玉蘭產下龍子的故事，應當會啟發你養育子嗣的決心（當然首先這子嗣得是位男性），希望他長大如龍一般昂揚世間，為母親揚眉吐氣。相對來說，我們在玉蘭產經的故事中，卻看見女性未婚懷孕的危機可以有另一種解套方式：女性習讀道教經典，將宗教知識傳播世間，也能為自己重新找回社會的認同。傳統家庭婦女的職責在於生養後代、傳承父系血脈，未婚懷孕被視為背叛父系血緣，而玉蘭產經的情節，卻暗示著假設女性不願依照傳統傳承父系血脈，那她可以傳承道教的經典，進而脫離傳統家庭的規範，上升天界、為後世仰望。在張玉蘭的故事中，女性是「道」的傳承者，而不是產下胎兒、傳遞血緣的中介角色。透過生產經書的傳承方式，修道女性不再是透過血脈的異同來決定自己生命的價值，而是上接於「道」。女性傳承經典，可以在宗教社會中找到定位和認同，即便肉體腐朽、血脈不傳，從超越的層次來看，女性的精神意念也能以經典的形式存世不朽。

不過，其他修道女性的生活，是否也能像張玉蘭一樣因為擁有道教能力，就可以脫離現實社會的壓力呢？下面介紹飛升上天的董上仙，在她的故事當中，雖然她早就具備了超凡拔俗的宗教能力，卻因為原生父母難以割捨對女兒深切的情感，因此一再放棄升天機會，屢屢返回俗世，回家當個聽話的女兒。

蛻皮還家的董上仙

女性離家修道，最困難的第一道關卡，不是下定決心，投入宗教，而是揮別家庭的牽絆與不捨。四川省內，有一位名聞遐邇的董上仙，她天生異稟，平和好靜，飲食極少，長到十七歲時，神姿艷冶，鄉里人紛紛傳為上仙。董上仙的美麗靜好，果然獲得上天的肯定。某一日，天空紫雲密佈，雲中傳來美妙的音樂，飛下青童子二人，引導董上仙升天。雖然鄉里早在傳聞董家女兒並非常人，但是，臨到昇仙前一刻，女兒冉冉升天的背影，還是讓董上仙的父母號哭頓地，呼之不已。就在董上仙去地數十丈時，不忍心斷絕父母恩義，決意放棄昇仙，冉冉降下，返還家中，而在天空密佈的紫雲與前來迎接的青童子，亦隨之消失無蹤。董上仙戲劇性的升天、下降，就這樣在眾人的翹首企盼下，兩次升天又放棄，寫故事的作者，也在這時候譴責了董上仙父母的愚痴，因為愛憐子女，竟然阻止她升天成仙。好不容易盼到青童子第三次再來，董上仙臨去之前，如蟬一般蛻皮於地，才冉冉飛去。委棄在地面的透明皮囊，正如董上仙的形體，衣著完好如本人，衣服上的一顆紐扣、一束結帶，都未曾鬆動。父母傷心之餘，將蛻下的透明皮囊漆上彩色，留在家中，日日思念。董上仙的故事，充滿了神秘不可思議的色彩，尤其是最後她留給父母的蟬蛻之皮，不僅符合了道教的「尸解」之說（也就是靈魂飛升，留下遺體而昇仙），更讓人聯想魏晉南北朝的小說〈離魂記〉。

〈離魂記〉女主角倩娘自小與表哥王宙兩情相悅，然而，父親安排的婚嫁對象另有他人，抑鬱之餘，王宙選擇調赴京師，帶著滿腔悵恨買舟北上，黃昏的時候，王宙泊船山中城郭，遠望江水，獨自一人在舟中難以入眠，到得半夜，突然聽到岸上傳來踢踢踏踏的腳步聲，移動速度甚快，越來越迫近王宙獨眠的小舟。隔著船板，王宙忍不住出聲詢問：「夜半時分，來者何人？」沒想到，竟是朝思暮想的倩娘，她身著家常素服，一路赤足奔行而來。王宙感激之餘，帶著倩娘一路坐船，私奔到了四川。就這樣過了五年，倩娘生下兩個兒子，夫妻感情甚篤。不過，深夜無人時分，倩娘總是獨自飲泣，思念父母恩情。王宙感傷之餘，也覺得愧對岳家，因此決意帶著倩娘與二子一同回湖南衡陽拜見倩娘父母。為了避免倩娘遭受父母責備，王宙獨自先到岳家謝罪，長揖下拜，訴說原委。沒想到，謝罪未及起身，已聽得倩娘父親惶恐而輕聲地責怪王宙：「倩娘早已臥病閨中多年，怎麼可能和你私奔？」家人驚訝之餘，派遣僕役上船訊問，赫然見到神色和暢的倩娘懷抱二子，毫無病容，而閨中臥病良久的女兒，聽聞廳中王宙與父親的對話，欣喜地坐起，梳妝整衣，步出房門，竟然與下舟入得廳堂的倩娘合而為一。原來，多年前不得嫁與王宙的抑鬱，倩娘竟然分身為二，一半隨愛侶王宙私奔，一半留在父母家，長年臥榻生病。多年以後謎底揭曉，遠赴他鄉的倩娘，和病榻躺臥多年的倩娘相會，身心才得以圓滿完整。

這兩則流行在中古時代的女性故事有個有趣的共通點是，在女兒意志與父母觀念的衝突之下，女兒只能留下殘破的軀殼。不管是倩娘在家中久病的肉身，還是董上仙飄然昇仙後留給父母的蛻皮，都是一個微妙的隱喻：女性在原生家庭承受的愛與苦，導致了身心的殘缺。蛻皮也好、病體也好，之所以留在家中，包含了女兒的感謝、父母的憐愛、女兒的痛苦、父母的壓迫，同時並存在傳統中國的家庭關係之中。倩娘一分為二，和表哥王宙私奔的是健康的身體，可以正常生養二子；但是留在家中陪伴父母的，則是殘缺的肉體，臥病多年、無法侍親。董上仙留下的蟬蛻之皮，徒然留下透明的人形，給父母回憶思念之用，董上仙的魂識，早已隨著青童仙人，上升至宗教世界。離開家的正常倩娘，以及飛升上天的董上仙魂識，才是女兒作為獨立之人，真正希望前往的遠方。

中古流行著這樣的女性故事，給我們什麼啟發呢？可以推想的是，現實生活中，更多的是無法違逆父母意志而僅能保留殘破身心的女性，她們就像生病的軀殼、透明的人形，持續生活在傳統家庭中。下面將介紹另一則女兒升仙故事，故事中的黃觀福，即便留下了木形人像供父母懷想，成仙之後，她還必須往返仙界與人間，拯救父母免於種種苦難。

黃觀福投水明志

董上仙因親情的羈絆而屢屢回首，捨棄昇仙機會，她的父母只是期望女兒陪伴身邊，並未直接阻止女性的修行。不過在黃觀福的故事中，父母因為違背女兒意願，強加嫁娶，最後導致女兒以死明志的悲劇結局。

黃觀福是雅州（今四川雅安）百丈縣民的女兒，從小她就自願吃素，喜好清靜。因為家裡貧窮，她又喜好香火之氣，因此自行焚燒柏樹的葉片或果實來替代香火。每天專注在打坐的寧靜生活，不吃五穀，只靠喝水、吃柏樹葉子為生。直到年歲當嫁，父母打算為她做媒。黃觀福心知難以違抗父母之命，有一天，突然跟父母提起，門前水中有奇怪之物，要父母前往察看。黃觀福平日就有預言奇事的能力，父母不疑有它，於是帶上黃觀福，前往河邊觀水，到了水邊，水勢洶湧異常，女兒趁家人不備，投入水中，從此消失無蹤。父母悲痛之餘，延請鄉里協助尋屍，沒想到，打撈良久，撈到的不是日思夜想的女兒屍身，而是一尊古色古香的天尊塑像，塑像的金彩早已斑駁脫落，但是天尊的眉眼清楚可辨，正是投水而亡的女兒。說也奇怪，當塑像一被打撈上岸，原本洶湧的水面立刻回歸平靜。父母親無可奈何，只好將打撈起來的塑像，安置在女兒投水之處，大哭離去。此後，黃母難以忘懷女兒，常來放置木像的地方哭泣。直到有一天，天上傳來美妙的仙樂，女兒腳踏祥雲，身邊跟著三個女子，和眾多的侍衛，下降在家中庭院。黃觀福娓娓道來，她原本是天上的上清仙人，因為犯了小小的過失，貶謫在人間，因為贖罪的時間已滿，必須回歸仙府，勸勉父母勿再掛念。黃觀福臨走前，囑咐父母，四川雅州今年即將流行瘟疫，應當趕快移居益州，並且留下數枚金子，為生活所資。後來，果然如同黃觀福的預言，當年雅州的大瘟疫尤其可怕，十人之中，存活的僅有三到四人，而父母在女兒的庇佑之下，早早移居他地，終於保住性命。

黃觀福稱自己是天上謫仙，為了彌補過失而貶謫人間，這是魏晉南北朝以來相當流行的說法，不論是男性、女性的升仙故事中，都有謫仙贖罪的情節。不過，男女下凡贖罪的方法各有不同，在男性的升仙故事，男主角往往雲遊四海，在幫助社會大眾的過程中得到救贖，最終功德圓滿，在眾人的仰望之下升天飛去。相比之下，女性的贖罪對象大半是家庭成員，例如妻對夫、母對子，以及本則故事中，由女兒向父母盡孝贖罪。在黃觀福的故事中，我們可以看到，自始至終，女兒都在為父母著想，即便因為父母逼嫁而投水自殺，也不會改變女兒對父母的孝心。在黃觀福投水之後，母親因懷念女兒而生的悲傷哭泣，卻在女兒下凡訴說謫仙前因後果之後，得到了心靈層面的療癒。在謫仙的情節設計之下，這不再是一個關於悲慘女兒、後悔莫及的父母的故事。女兒未能順利出嫁就投水而死，並不是因為父母逼嫁所致，而是黃觀福先前犯下罪行。她的投水離去，是因為下凡時限已滿，必須歸返天界。既然一切因果皆有前定，父母的行為或意志，就不是失去女兒的主因。甚至，女兒升上天界之後，還降回人間，賜予金子、預言瘟疫來照護父母，相較於董上仙只有留下透明人皮給父母懷想，黃觀福的盡孝時間更為漫長，對父母的奉養更為周全。這個美好的孝女故事，比起董上仙故事中被譴責的「愚痴父母」，也在暗示著讀者，追求宗教離家的女性，不應也不願拋下盡孝的職責。

庇護家國的薛玄同

阻擋董上仙、黃觀福修行的都是父母，然而女性面對的家庭阻力，不只來自原生家庭，更來自夫家的種種要求。

東漢時期有一位東陵聖母，雖然已經嫁人，仍堅持在家修行，經常行醫救人，因此，遠近居民常來家中請託治療。丈夫杜氏不願支持，一狀告到官府，怪罪聖母不理家務，家中人來人往，混雜男女，聖母必是姦妖。官府不明究理，應丈夫之請將東陵聖母捕至監獄。沒多久，被下入大獄的聖母竟從窗飛去，化為一隻青鳥，遠遠逸入雲中，只留下一雙鞋子在獄窗邊。因為修道救人，聖母創造了有別於傳統家庭的人際關係，無論男女老幼，只要是需要醫療救助之人，就是聖母照護的對象。廣施濟眾的慈悲心腸，卻導致丈夫懷疑妻子頻繁地接觸外人，必有姦情。值得注意的是，當地政府官員也支持丈夫的判斷，因此強行逮捕聖母，阻斷她的修行之路。聖母在故事最後化為青鳥逸出窗外，只留下一雙鞋子給眾人懷想，不免讓我們推想，如果同樣是在東漢社會，一位選擇修行的已婚女性，碰到同樣的情境，卻缺乏化鳥逃獄的超能力，是否只能坐困愁城，乞求丈夫的原諒？

而這樣的情形，到了唐代，是否有所改變呢？唐代有女薛玄同，嫁給丈夫馮徽的二十年之間，在家誦經修行，別居一室，因此經常承受丈夫的冷嘲熱諷。不過，薛玄同是唐代末年人，黃巢之亂爆發後，她的宗教力量開始對宗族、地方人士、官員、帝王產生影響，她的遭遇也開始不同。早年在家獨自誦經，夜中獲得上仙傳法的薛玄同，在坐船逃難時遇到流竄的盜賊，竟有身著朱衣紫衣的官吏、鐵甲武士們立於河中，護佑丈夫與同舟之人。隨著戰亂逃亡的薛玄同，展現了神奇的宗教能力，保護了一同逃難的宗族和地方人士。薛玄同在順利逃難之後，服下仙人賜下的仙藥，白日升天。當時的浙西節度使周寶將薛玄同升天的神蹟上奏僖宗，為了躲避黃巢之亂避地四川成都的僖宗，也因此下詔盛讚薛玄同的美德。薛玄同吞服丹藥昇仙，竟然能夠受到地方官員和帝王的肯定，而不像東陵聖母遭到官府繫捕下獄，更值得注意的事，薛玄同違反丈夫的意願，但是她一心守真見素，取得宗教知識與神異能力，卻能在公共場域（朝廷）獲得肯定。

東陵聖母與薛玄同求道的誠心並無二致，最主要的差別應該在於兩人生活的時空差異。唐代尊道教為國教，不僅歷代帝王以老子後裔自居，政府也提供入道者經濟支持，配給田地，讓修道者擁有穩定的生活。唐代的幾次國家動亂，無論是中期的安史之亂，以及唐末的黃巢之亂，道教都發揮了穩定人心的力量。僖宗曾經寫下一篇詔文，將薛玄同的升天神蹟，等同於安史之亂前後在地方上穩定人心的女道士花姑。僖宗的用意顯而易見，因黃巢亂事避地四川的李唐子孫，急需神異事蹟鼓舞散佚的民心。不過，無論僖宗的動機如何，當他向公眾發出宣告時，訴諸了一種信念與邏輯，即女性誦讀經典，可以感通天地，這與李唐王室的政治統治力相生共存，女性的力量，不會只侷限在傳統家庭之中，而是與公眾社會緊密關連。

除了薛玄同以外，唐末五代道教國師杜光庭的《墉城集仙錄》也記載了許多的唐代修道女性，都是藉由國家的支持走向公共社會，包括開元之際的董上仙、邊洞玄，大歷年間的花姑、貞元年間的謝自然，順宗、憲宗之間的神姑，咸通至光啟間的王奉仙、中和年間的薛玄同、光化三年顯聖的彭女等。諸位女道與地方官、帝王的互動，貫串唐初，中，末，直如一部由杜光庭撰寫的微型唐史。只是這部唐史，有別於正史關注的帝王將相、文士儒生，主角都是女性修道者，由她們來發動歷史的變局，她們從家庭出走，進入山林、道觀、宮廷，卻又時常回過頭來庇護家族成員，這些女性修道者的挑戰不是如何在茫茫官僚體制中取得一席之地，或者進入戰場殺敵掠陣進而論功封疆，而是來自病老孤寡親族的扶養，自身的疾病或是才性相違的世俗倫理規範。當這些女性選擇入道之後，藉由宗教的力量，得以扭轉個人、家庭的困境，進而脫離世俗的拘束、上通仙真，影響地方人士、帝王乃至於國家的命運。

總結來看，女性入道之後，她們和家庭的關係開始有了變化。觀察唐代幾位女性的宗教生活，可以發現這是一個相當漫長的過程，女性可能為了各種原因，出家以後因為複雜的政治權力關係，又回到俗世社會。在一般小民的生活中，親子關係仍是主力。雖然董上仙故事中，譴責了不願支持女兒升仙的愚痴父母，不過，董上仙仍要留下蛻皮安慰父母，甚至，在黃觀福故事中，女兒即便成為天上仙人，還是必須返家照護雙親，而非斷絕父母恩義、捨家清修。

不過，在某些故事中，也可以發現女性開始脫離家庭生活，進入公眾社會參與事務，發揮她們原本不被看見的長才，例如，文章一開始提到聶隱娘，以暗殺的特殊技能，介入地方藩鎮的爭鬥，因此選擇了和父親迥然不同的政治立場；孕經而死的張玉蘭，訴說著女性可以透過傳承經典而被社會認同的可能；最後，薛玄同以及杜光庭《墉城集仙錄》記載的諸多唐代女性，則是在國家的支持下，成為庇護家國的神聖女仙。她們在走出家庭，走入社會的過程中，或者被貶為妖物、或者被尊作天仙，或是成為傳承經典的女師，稱呼褒貶不一，無論如何，女性在唐代的修道生活，如文人詩歌吟詠一般風流自在者實為少數，能夠清寂無聊、專注苦修者更屬特權階級。從這些流傳下來的故事中，不難發現，大部分投入修道的女性們，都在照護家庭與庇佑社會之間往來奔勞，為了成全他人的願望與期待，度過了一生。

九轉金丹練成仙

——連蘇東坡都愛的內丹功

李忠達

窗外的夜色深了，蘇東坡還沒有睡意，他正在等待子時。子時一到，他披著衣服，起身盤坐，雙目微微閉上，只留下一絲縫隙，隱隱透出的眼神中藏著精光。他把嘴巴閉上，舌頭頂住上顎，不發一語。即使仔細聆聽，也聽不到蘇東坡呼吸的聲音，因為他很快就閉住了氣息。此時蘇東坡身旁連空氣的流動都靜止了，彷彿連一根針掉在地上都能打破這片寂靜。

連續好幾個月，家人都看到蘇東坡晚上起來打坐。他們不知道滿腦袋鬼點子的蘇東坡這次又在玩麼花樣，都不來打攪他。除了最愛的弟弟蘇轍和少數親友以外，很少人知道蘇東坡是在練內丹。

為什麼蘇東坡會認真練內丹呢？無論是家人還是朋友，甚至是蘇東坡的政敵，都知道他興趣廣泛。他的詩詞文章已臻化境，他喜歡談佛論禪，對道家的養生秘訣也很有研究。其實他平常留意養生，讀過很多書，訪問過許多道士、方士，學習過上百種養生祕法。他認為內丹是裡面最簡單又最有效的一種，每天半夜操練，做了三個多月之後，感覺到肚臍下方發熱，身體重量變輕，像羽毛一樣彷彿可以隨風飄起，腰部靈活不再閃到，手上脈搏跳到六百下以內都不用呼吸。如果照正常人一分鐘脈搏六十到九十次來算，蘇東坡可以閉氣七至十分鐘，雖然離當代的世界紀錄二十二分鐘還有一段距離，但已經非常厲害了。

子時，是一天之中夜色最深，最為陰寒的時間。然而，正是在這個時刻一陽萌動，可以幫助人練出最為精純的陽氣。蘇東坡每天都抓緊這個時刻修煉內丹，進步的速度很快。他按捺不住內心的喜悅，寫信給朋友張方平，拉他一起來練功，把操作步驟描述得非常具體，讓有興趣的人可以照樣操作：

首先，要選在晚上十一點子時以後，在床上盤腿坐好（記得披著衣服或圍著棉被不要著涼）。兩手握拳放在腰腹部。用上下排牙齒咬合，要敲出喀喀喀的聲音，一共三十六次。把嘴巴閉上，呼吸調勻，然後閉氣。在牆壁上掛著一幅五臟圖，想像自己正在觀看體內五臟的形狀和顏色，肺是白色、肝是青色、脾臟黃色、心臟紅色、腎臟黑色，想像心臟像一團火焰正在燃燒，把體內照得一片光明。這團火球逐漸往下移動，到腹部丹田去，等到沒辦法再閉氣時，慢慢的把氣吐出來。不能急著吐氣，不然會受傷的。練習過程中有口水分泌，全部要吞回肚子裡去，有流鼻涕也要吸回來吞下去。一天晚上總共要練九次閉氣，三次吞口水，然後想像氣和水在腹部咕嚕咕嚕作響，像是燒開水一樣。

上面的練完之後，就可以準備收功。收功有一套固定程序，不是立刻躺下去睡。首

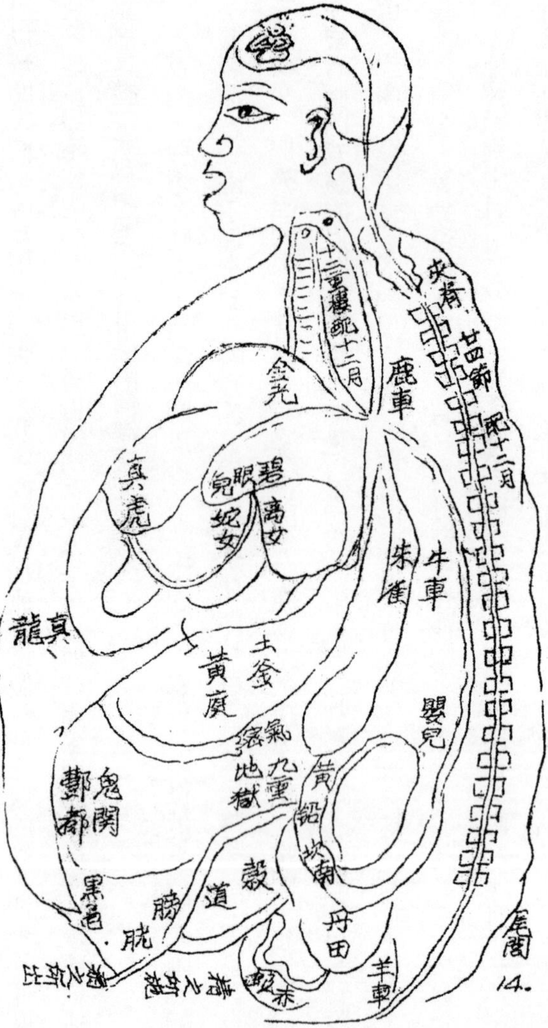
夾脊
廿四節
配十二月
十二重樓配十二月
鹿車
金光
真虎
碧眼兒
姹女
离女
朱雀
牛車
真龍
土釜
黃庭
嬰兒
絳氣
九重地獄
黃鉛
鬼關
酆都
穀道
膀胱
丹田
尾閭
羊車
14.

五臟圖

先要用兩手掌相互摩擦生熱，用溫熱的手掌按摩腳掌心的湧泉穴，再按摩腰部、腹部，然後像是在洗臉一樣搓揉眼睛、臉頰、耳朵、脖子，讓雙手按摩過的部分發熱，微微出汗。最後把手指當作梳子一樣，用來梳頭一百次。梳完頭以後，就可以放心躺下睡覺啦。

嚴格來說，蘇東坡練習的只是內丹的初階功法，三個月的時間大約等於內丹所謂的「百日築基」，也就是基礎功夫而已。不論坐姿、呼吸、手掌按摩等等，都是所謂的有為功夫，離高階的無為功夫還差得很遠，而內觀五臟則是延續自存思法的傳統而來，不是所有內丹術都包括這項內容。

內丹在宋朝流行起來後，很多文人都曾經學習內丹。除了蘇東坡以外，南宋的鄭思肖就是內丹高手。他有一套有名的「太極祭煉」祕法，結合了內丹修煉和度化亡魂的儀式。用練武功的比喻來說，就是用內丹當內功底子，用煉度儀式作為外功招式，對內能修養自己，對外能超度亡魂。相比之下，蘇東坡、張方平和許多文人都能接觸到的內丹功，還只是像紮馬步一樣的基本功呢。

真正追求成仙的內丹術，牽涉到的操作相當複雜，有很多關卡需要通過，如果沒有高人指點的話，可能會煉到走火入魔。不過，煉內丹有什麼好處，內丹的功夫又是怎麼形成的呢？這就要從煉丹的歷史開始講起了。

怎樣煉丹才能不死？

煉丹是為了追求長生不死。但是要怎麼煉丹才能煉出真正的不死金丹？早在秦始皇的時代就相信有不死的仙丹，派徐福到海外仙山尋找。可是，找仙丹始終沒有成功，魏晉時期的丹家就決定自己ＤＩＹ，開始煉所謂的「外丹」，也就是拿礦石、金屬、草木和藥物放進鼎爐裡，經過長時間焙煉而形成的藥丸。相傳服食外丹可以長生不死，問題是實際上服外丹的死亡率是很高的，這是怎麼回事呢？

外丹號稱中國的煉金術，因為它使用的原料主要是鉛（Pb）汞（Hg）和丹砂（HgS），在煉製過程中丹砂氧化會產生黃色的藥金（HgO）。《黃帝九鼎神丹經訣》說：欲煉仙丹，先作玄黃。把水銀和鉛按一比二比例混和，加大火猛燒，可以得到黃金色的「玄黃」。實際上，就是得到了鉛與汞的氧化物。煉外丹經常用到雄黃（As_4S_4）、雌黃（As_2S_3）作原料，煉出的成品是砷的化合物。要知道，鉛和汞都是重金屬，砷化物常用來當作殺蟲藥，是砒霜的主要成分，隨便把這種丹藥吃下去還能不中毒死亡，恐怕也是天賦異稟了！

過去的歷史學家早就發現，唐代皇帝、文人和方士非常喜歡煉丹，但是服食丹藥之後往往中毒致死。服外丹毒發的情況相當嚇人，比如唐憲宗、穆宗、武宗、宣宗都因為服食丹藥而中毒，甚至暴斃；後梁太祖朱溫（八五二—九一二）服龐九經所煉製的金丹，頭髮、眉毛立刻剝落，頭上、背部生出大面積的癰瘡，彌留之際被人趁機殺死；太學博士李千接受方士柳賁的丹藥，一吃下去，大便出血無法停止，最終血盡而亡；著名的書法家歸登（七八五—八〇四）吃了別人餽贈的丹藥，毒發幾乎斃命。這些故事太多了，真的要詳細列個名單的話，連講都講不完。外丹的危險性逐漸傳播開來之後，人們對外丹的傳說怎麼能不懷疑？

因為外丹的致死率太高，到了宋代已經很少人再相信外丹。何況號稱煉出外丹的方士中，有不少人煉丹的目的是兜售丹藥和藥金，來賺取大量金錢，甚至外銷到西域各國。所以唐代已經有不少人培養鑑定能力，能判斷黃金的真偽，以免受騙。

對於像你我這樣的平民老百姓來說，花大錢收集各種礦石、金屬，又聘請方士長時間焙煉丹藥，是貴族和有錢人才能享受的專利，對窮人來說只是一種太過奢侈的夢想。那麼，難道小老百姓就不能追求長生嗎？當然不是！有需要就會有供給，就算成仙不死是太遙遠的夢想，至少有一些不花錢的小撇步，可以讓人強身健體、延年益壽吧？

沒錯，我們可以不煉外丹，我們來煉內丹。

內丹和外丹可以說是系出同源的一對兄弟。人們雖然不再信任外丹的功效，但是還是相信萬物有變化的能力。古人看到雲變成雨，雨變成江河，石頭變成土壤，土壤長出植物，他們相信所有動物、植物、金屬和人類都是氣構成的，氣能不斷的變化形態，所以理論上萬物都能相互轉化。內丹家只是需要一種方法，一種具體的技術，去改變氣變化的過程，就把人的肉體煉成氣，把氣煉成神，把神煉成虛。人的肉體會死亡，無形無相的神和虛就不會死了吧！這就是內丹的基本概念。

從外丹發展到內丹，在觀念上是一個很大的翻轉。可是，一項技術的進步總是需要很多時間，所以剛開始的時候，煉內丹的過程被想像成煉外丹的形式，把外丹的所有術語都吸收來用，連經常看的經典《參同契》都是同一本書。內丹在唐末五代開始發展時，一部內丹著作看起來和外丹著作有時候是很難區分的。因為它們都說要把鉛和汞放到鼎裡燒煉，要小心控制火候，經過九次煉轉之後煉出金丹，最後服食金丹飛升成仙。只是這些詞語的意義，對外丹和內丹家來說完全不同。內丹顧名思義，是在人身體內部煅煉的意思。所以內丹把人體比喻成鼎爐，把心和腎的二種內氣比喻成鉛和汞，腹部的丹田就是存放金丹的場所。所以說內丹和外丹是DNA很接近的同胞兄弟，但是個性截

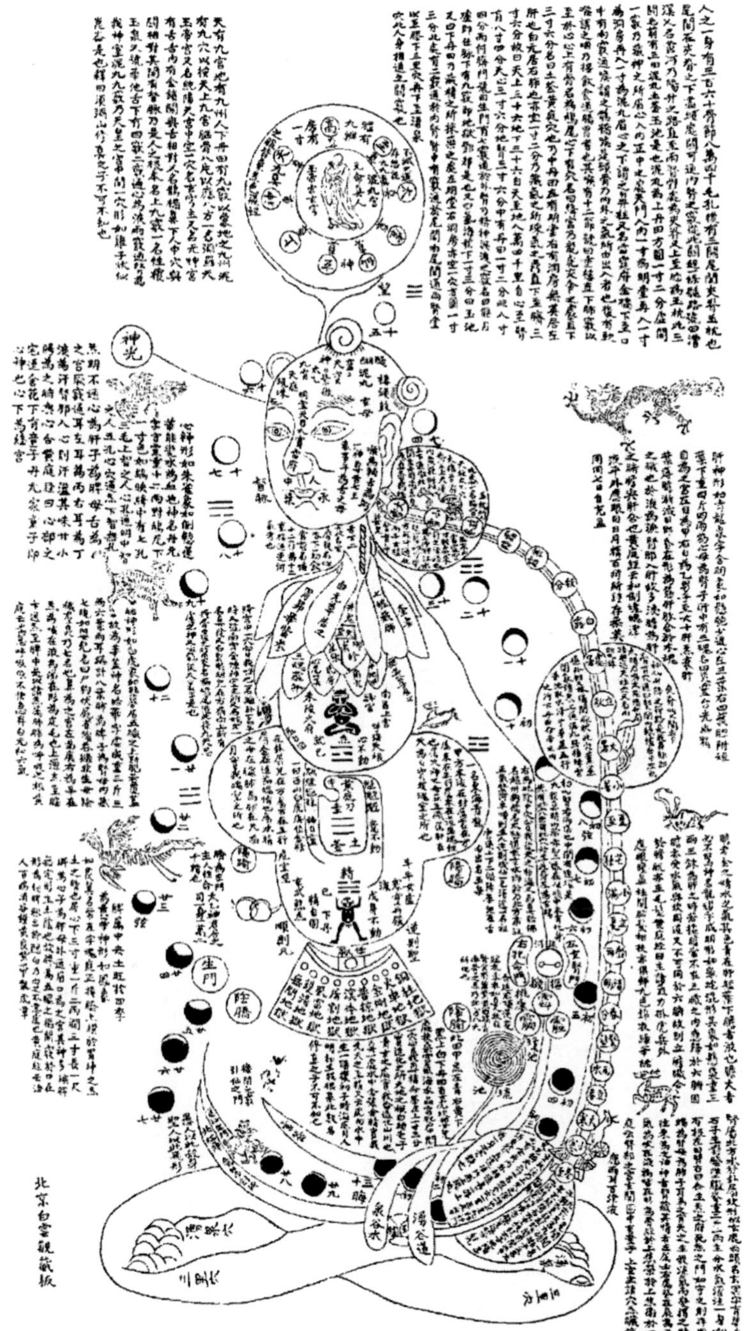

修真圖

然不同！

內丹運用的比喻非常多，而且意義和外丹天差地遠，師傅又不肯隨便傳授弟子心法，所以很多人看得霧煞煞，搞不清楚內丹講的是哪種江湖黑話。不過，煉內丹不用花錢，不怕中毒，誰都可以在家操作，煉不成功至少也能延年益壽，這些優點讓內丹在宋代廣泛普及起來。

教你打通任督二脈

想要修煉內丹，最重要的基礎就是打通任督二脈。對中醫來說，打通任督二脈不是什麼神秘的技術，而是每個人都可以作到的養生方法。內丹吸收了中醫關於人體經絡的知識，認為體內精氣神的運行以任脈、督脈形成的迴圈為主要軌道。把這條通路打通，叫做打通周天，是內丹功法的基礎。

任脈在哪裡呢？人體是左右對稱的，人體前方把左右半身分開的那條線，就是任脈。人的肚臍是任脈的重要穴道神闕穴，把神闕穴和雙腿之間的會陰、雙乳之間的膻中穴連在一起，就是任脈主要的路線。督脈在背部，最下端是脊椎的末端，叫做尾閭，沿著脊椎一直往上升，一直到頭頂中央的百會穴。

導引內氣的小周天功，簡單來說，就是把內氣從尾椎底端沿著脊椎向上推進，路途中間有三個氣前進特別慢的地方，慢慢讓氣通過之後，稱為過三關。過三關之後內氣到達頭頂，再從頭頂下降，通過心臟，最後儲存回肚臍下方的丹田之中。由於心臟是紅色的，所以又比喻為「絳宮」，就是紅色宮殿的意思。這一趟內氣循環的路線，就是任督二脈形成的一個體內迴圈。

為什麼要內氣導引的方向，是由下往上、由背後往胸前呢？這在內丹理論中叫作逆練。一般人的精氣神是不斷向下流失的，所以往下方走等於走向地獄。想要長生不死，就要扭轉這個方向，把身體內即將流失的精華保存下來，重新輸送到上方。經過重新凝聚、煉化之後，精化為氣，氣化為神，神化為虛，才能突破人類肉體的極限，扭轉生命逐漸步向死亡的方向

不過，別以為能夠打通周天，就能夠像武俠高手一樣，體內真氣奔騰澎湃，數百個穴道串連起來，有如長江大河般急速流動，一舉手就能放出氣功……。很遺憾，這些都只是小說裡面的美好想像而已。

內丹有三個修煉的階段，練精化氣是第一個階段，接著是練氣化神，最後是練神還虛。體內真氣也有龍虎交姤、水火相濟、取坎填離等等說法，意思是體內的兩股先天真

氣融合為一，才能煉成金丹。不過，怎麼練出先天之氣，採取此氣，再讓它們融合，都是進階的功夫，是資深高手才能觸碰的神祕領域。

一般人沒有這些經驗，只能根據內丹高人的說法，來認識這些內丹的高階功夫了。據說小周天練熟以後，有時體內會突然產生一股熱氣，這就是丹家所謂的先天氣。掌握先天氣的出現，被比喻為採藥。讓先天氣依照小周天的路線循環體內，最後儲存到丹田，等於是採到真正仙丹的藥材，放在正確的鼎爐裡面焙煉。由於焙煉的過程往往需要十個月，所以被丹家比喻成十月懷胎，而丹田裡面的金丹就是那個胎兒。

嬰兒現形圖

是的，你沒看錯！圖中道人腹中的胎兒就是內丹家焙煉的金丹。等到嬰兒成長茁壯之後，就可以離開母體，獨自在外頭生存，這時候就叫做陽神出竅。內丹家只是用形象化的譬喻描述這個過程，真正的金丹當然不是一個嬰兒的樣子，它是沒有形象的。

無論是基礎功夫或高階功夫，體內沿著任督二脈循環的迴圈，都是內丹導引內氣時的必經之路。

出陽神是一種什麼概念？

內丹的最高境界是「出陽神」。因為絕大多數人都沒辦法練到最高境界，所以很難想像出陽神是什麼狀態、有什麼功用。好在宋代內丹大師張伯端（九八七—一〇八二）流傳一則故事，可以幫助我們一窺內丹高手的世界。

在《歷世真仙體道通鑑》中紀載，張伯端曾經碰到一名精進修行的僧人，這名僧人通曉戒定慧三學，覺悟最上乘的禪門宗旨，能夠入定出神，以瞬間就能穿越到數百里外的地點。張伯端和僧人聊開了，非常欣賞對方，於是提議兩人一起出神，到遠方遊玩。僧人高興的說：「好啊，那我們一起去揚州看瓊花吧！」於是張伯端和僧人就在一處安靜的房間坐下來，閉目入定。颯～～一眨眼間，兩人一起穿越到揚州，而且僧人還比較早到，繞著瓊花花樹走了三圈。張伯端晚到一步，不過他微微一笑，對僧人提議說，兩人都摘一朵花回去當作紀念。兩人摘完花，又是颯～～一剎那兩人就回到了房間。

張伯端和僧人伸個懶腰，站起來往袖子裡一摸，張伯端掏出一朵色彩鮮活的瓊花，而僧人兩袖清風，已經找不到花朵了。弟子們很驚訝，等僧人走後私下問師父說：「為什麼僧人沒有拿花朵回來？」張伯端回答說：「我們練的這個金丹，有個特點叫做性命兼修。意思是在出陽神的時候，一念之間想要聚氣成形，就能變化出形體，一念之間又可以把形體化散，恢復成無形無相的陽神。那位僧人修的佛法只修性功，鍛鍊身體的命功沒有修，所以很快就能覺悟，但是出神的時候沒辦法能變化出形體來，只能稱為陰神。」

換句話說，體內的金丹成熟之後成為陽神，陽神離開肉體出竅就可以神遊天地之間，想要去哪裡一瞬間就能到，和擁有一座哆啦A夢的任意門差不多。不只如此，想要隱身消失就能消失，想要現身就能現身。陽神不但神通廣大，更重要的是超越了肉體的限制，已經是永生不死的存在。

練到這個程度的人，平常看起來像個毫不起眼的天龍掃地僧，偶爾閉目養神像是在打瞌睡，其實旁人都不知道他的陽神已經在宇宙遨遊幾圈了呢！

很多人以為練內丹只是想要長生不老，能夠獲得像超級英雄那樣的強大力量，其實這是對內丹的誤解。到宋代以後，內丹追求的早已不只是自身的不死，還有與道冥合的終極關懷。張伯端說的性命雙修是很多內丹家共同的想法。練性功可以覺悟，練命功可以可以長生不死，內丹同時包含這兩項修煉。像故事中的僧人一樣只練性功，就沒辦法練出陽神；但若只練命功，缺乏性功輔助，也會有關卡跨不過去。

道教相信道是宇宙萬物的本源，通過內丹的修煉，人能夠轉化自我意識的狀態，回歸與萬物相互感通、無所間隔的境界。所以性功強調的是，修行者首先要止息、消除各種感官的慾望，停止用知性去思維、比較、計算、評判高下，讓意識沉潛，不再向外發散，轉而向內凝聚，開啟內在的玄關。一個心念清淨的人，消解掉私我的存在，才能體驗無限的清淨光明、逍遙自在、空虛無我，使生命原本的真性得以體現，與萬物合而為一。

練內丹的一種伴隨現象，是練出天眼通、天耳通、他心通、神足通、宿命通、漏盡通等等神通。不過，這不是內丹追求的目標。相反的，如果有人心有邪念，一心一意追求這些神通，就會練到走火入魔。這也是為什麼內丹一直強調性命雙修，否則陽神還沒練成就已經精神錯亂，還沒長生就加速死亡了。

專業法師秘傳的內丹使用手冊《道法會元》

內丹在宋朝廣泛流行之後，影響到的不只是文人和內丹家，對專門舉行儀式的專業法師來說，內丹也像是必修課程一樣，是不能不學的一項功課。

原本道教最擅長使用符籙的傳統大派，有正一派、上清派和靈寶派，分別以龍虎山、茅山、閣皂山為本身，有三分天下的形勢。但是晚唐以來逐漸出現一些新的道派，像是擅長雷法的天心派、神霄派、清微派，它們一方面修煉內丹，一方面在雷法的儀式中召喚雷部神將，到人間祈晴求雨、超度亡魂、斬妖除魔。內丹是這些專業法師的內功，符咒、儀式、法術是他們的外功。這就是外符內法的觀念。

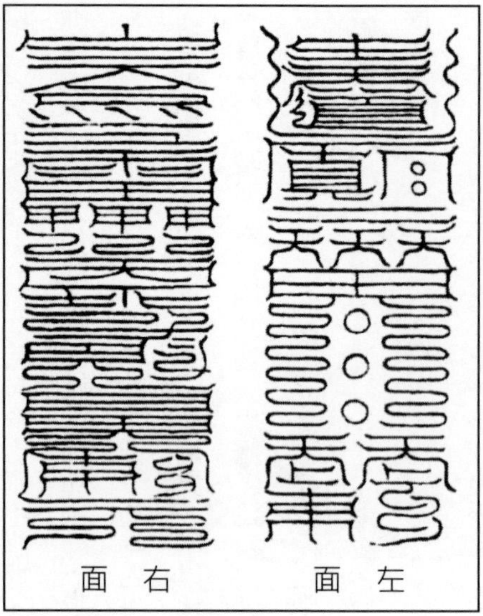

《天書雷篆》：五雷真文符

神霄派的宗師王文卿說「以道為體，以法為用」，白玉蟾也說「內煉成丹，外用成法」，換句話說，一個人必須要把內功、外功的技能點數全部點滿，才能成為稱職的專業大法師！

《道法會元》是一部集結宋元道派各種法術的彙編，收錄了最重要的幾位道教代表人物如王文卿、白玉蟾、黃舜申、薩守堅、莫月鼎、鄒鐵壁、趙宜真等人的文字。從他們的現身說法，我們可以一窺這些專業法師如何練功，又如何作儀式的心法要訣。

《道法會元》中的〈清微祈禱內旨〉紀載，法師每天要到僻靜的室內焚香坐下，存思身邊被天上帝師和官將吏兵包圍，等到時機成熟，運起內功，上接天炁、下接地炁，在體內合而為一。此時內觀，會看到符咒篆文出現，放出金光，天上地下各出一道金光與體內金光融合。此時提起祖炁，在空中書寫內觀時所看到的符文，文字靈動有如金蛇在空中飛動，默念召喚官將的咒語，讓官將使者們現身金光之中。法師可以令官將聚靈會炁，守衛法師真元。結束時，用鼻子吸引雷炁引歸體內，調勻呼吸，凝神靜定，然後收功。

《先天雷晶隱書》：使者符原形、變形

上面這套功夫是平常修煉的心法，等到法師能夠熟練的在空中書寫符文，召喚雷部官將後，就可以請他們出任務了。法

正一派、上清派、靈寶派

正一派起源自東漢張道陵所創的五斗米道，以張天師為首領，因此又稱天師道，是道教創立之始。元代之後以龍虎山張天師為核心，匯合多個符籙道派，形成正一派。上清派創始於東晉，以魏華存為第一代宗師，至陶宏景時為茅山派所承襲。靈寶派以靈寶經典為核心、閣皂山為本山，重視符籙科教和齋戒儀軌，特別加強勸世度人的功能。這三派都是六朝以降具影響力的道派。

天心派、神霄派、清微派

天心派創始於饒洞天，原本重視符印，傳至路時中後轉而強調內修，以結合內炁與外炁為行法之本。神霄派出現於北宋末，推王文卿為宗師，以行使五雷法並結合內丹術修煉為主要特點。清微派出現於宋代，由元始天尊傳法至祖舒時，匯合多派道法而建立，至南宋黃舜申時發揚光大。清微派修持雷法與內丹，而以內修為主，符籙為輔。這三派都是北宋以降結合內丹修煉的重要道派。

師的身分就是代替上天號令天兵天將的官員，當他建起法壇，啟奏帝師以後，就獲得上天授權，所有社令、土地、雷神、風神、各路神祇都要聽法師號令，在人間執行任務救渡眾生。內功不夠好的法師，叫不動這些神祇，那就尷尬了。

為什麼內丹要練好才能號令雷神呢？因為每一個人體內的小宇宙和整個外在世界的大宇宙是對應的，法師運功時，體內的變化會牽動整個宇宙的變化，所以內丹功力越深的法師，越有力量能夠呼風喚雨。假如法師要起風，他需要先提起腎氣，混合肺氣，書寫風號帝令，往巽方吹氣。吹氣的方式不同，就可以召喚東西南北不同方向的風來。如果要改變風向，就要書寫符咒，吸一口水，往風來的方向噴去，存想雷部使者張開翅膀背對著風，在一片金光之中拈起劍訣，指示轉風的方向。使者見狀，就會改變風向。

如果當地乾旱，百姓需要祈求降雨，法師要閉上耳目口鼻，體內運起水火二氣，運上頭頂泥丸宮，在口中以舌頭攪動口水，帶動體外世界的水氣蒸騰聚集；然後在空中書寫雷電雨號，催促使者速速降雨。如果催促一兩次沒有成功，就蘸起墨水和雞血書寫符咒，放在眼前的水缸中，拿起劍來在缸裡攪動，吸一口水噴出，存想天上有飛龍正在行雲致雨。等到雨降下來以後，法師再收斂精神，準備收功。

專業法師的職能功能非常眾多，假如當地有人家裡舉辦喪事，或者地方上有需要超

《上清玉樞五雷真文》：焰火大神符

度災難和瘟疫而死去的亡魂，法師就要舉行鍊度儀式。作鍊度儀式需要有很高的功力，一點都不比祈晴禱雨來得簡單。法師同樣要建立法壇，清除汙穢，默運體內真氣，讓金光乍現眼前，普照法壇內外。然後存想元始天尊的寶座浮現空中，大放毫光，與九天梵炁、日月星宿之光混合，照破地獄的永世幽暗。法師繼續運起真炁，帶動光明遍照酆都地獄，將地獄畫為蓮花境界，而亡魂們便能藉著光明和神官將吏的指引脫離地獄。在醫治過亡魂，施予衣服、食物之後，就要進行水火鍊度。同樣的，法師要在體內運起水火二炁，在體內混合，再將真炁穿過頂門出離肉身，帶動所有亡魂水火交姤，冉冉騰空飛升，最終與大道冥合。

因為內丹和雷法的融合，能和看不見世界溝通，功能實在太多、太神奇了，所以連皇帝都不禁為它傾倒。宋徽宗受到神霄派的影響，在全中國推行神霄雷法；宋理宗

（一二〇五—一二六四）召見過清微派的黃舜申，連皇帝的兄長也敬畏的拜他為師；元世祖忽必烈（一二一五—一二九四）召見過莫月鼎……。這些專業法師得到皇帝的資助和賜封，在各地發展自己的道派，他們內修丹法、外用符咒的宗旨因此而傳播開來，形成一股新的潮流。

一個生活在宋代和元代的人，不論是家人生病、種莊稼怕沒雨水、想要驅趕蝗蟲、小孩子撞邪、地方有水患，或者喪葬儀式等等，種種困難都可以找這些術業專精的法師來幫忙。害怕沒效？那他最好先打聽看看法師的內丹功力深不深厚了。

內丹五大派華山論劍，誰才是武林盟主？

江湖在走，門派要有。

想要成為內丹高手，不只要有武林秘笈，還要學到秘傳心法。心法傳承一差，練不成功還是小事，一不小心走上邪道就慘了！江湖上有五大門派，內丹心法接受千百年來的鍾鍊，歷代高手如雲，是剛入門者的最佳選擇。這些名門大派究竟有那些呢？

金庸小說裡面寫到華山論劍，集合當世頂尖高手，稱為東邪、西毒、南帝、北丐、中神通，其實這種按照四方和中央方位給予稱號的作法可不是金庸的獨創！內丹界有一個說法，把內丹道派分成東、西、南、北、中五大派，而且全真教的祖師王重陽也在裡面佔有一席之地。是的，全真教就是內丹名門中你不能不認識的一派！

一切的一切，都要從王重陽開始說起。沒錯，王重陽建過活死人墓，而且住在裡面修煉；他確確實實收全真七子為徒，開創全真教，成為後世全真教遵奉的祖師。金庸沒有告訴讀者的是，王重陽在活死人墓閉關修煉，練的就是內丹。而全真教日後開啟了內丹北宗的傳承譜系，並不是像小說一樣被歸類為中神通。

北宗的修行風格非常刻苦，修道人要築起一面環堵，在牆裡面閉關修行，稱為「坐圜」。牆壁的出入口是封起來的，不能隨意出入。全真道士在圜中閉關一年半載

王重陽（一一一二—一一七〇）

金朝時曾考中武科，擔任小吏。後來棄家修道，在甘河鎮受異人傳授，又在南時村挖掘「活死人墓」專心修煉。出關之後建立全真道，前往山東傳教，收馬鈺、孫不二、譚處瑞、丘處機、郝大通、王處一、劉處玄為弟子，號為全真七子。王重陽主張儒、釋、道三教平等，強調內修心性，被尊為全真道始祖。全真道在金、元兩代備受朝廷尊崇，明清時期也始終是代表道教的正宗大派之一。

是常有的事，定力不好的人根本忍受不了。跑去見到成吉思汗的丘處機（一一四八—一二二七），當年先穴居六年，又搬到龍門山苦修七年才功成下山，為了紀念此事，丘處機所開創的丹派叫作全真道龍門宗。

由於南宋時期，中國北方都在金朝統治之下，所以在北方傳教的全真道自然而然被歸為內丹北宗。他們很快傳播到社會底層的每個角落，又因為蒙古人授予全真道掌管天下道教的權力，在全中國自由建立宮觀，所以全真道在元代不再侷限於北方傳教，而是打破南北隔絕的形勢，傳入南方。

不過，南方可不是一片空白，靜靜等著全真道來接管的。張伯端被尊為內丹南宗的宗師。他的傳承可以上溯到鍾離權、呂洞賓傳下來的鍾呂丹道，往下傳給石泰、薛道光、陳楠和白玉蟾。他們被尊稱為南宗五祖，尤其是白玉蟾，不但內丹高深，還吸收許多雷法道派的符籙和儀式，留下一些體系完整、思想成熟的丹經，對後世內丹影響非常深遠。

不論北宗還是南宗，在內丹上各有千秋，對當時禪宗思想也頗有涉獵，所以元代打破南北隔絕以後，南北兩宗相會，就形成一股新的融合風潮。北宗得到元朝的支持，教團力量比較大，因此南宗後學往往合流於全真門下。此時以李道純為首開創的內丹中派，就是在這股潮流中興起的。

李道純的師祖是白玉蟾，因此他接續了南宗的傳承系譜。不過，由於李道純主張王重陽和張伯端的丹法同出一源，都以鍾、呂丹道為共同的祖師，調和了南北宗的區別。李道純非常喜歡《中庸》的「中和」觀念，把自己住的地方取名中和精舍，他的文集也被題為《中和集》。既然他的丹法這麼看重中和，又調和南北二宗，所以他的丹派就被稱為中派。

所以說，內丹派別的方位和他們修為的高下沒有關係，千萬不要被小說影響，以為中間一定最厲害，其他四方略遜一籌！

那麼，內丹的東派和西派又是怎麼來的呢？

俗稱為內丹東派祖師的陸西星（一五二〇——一六〇六），生活的年代已經是明朝萬曆時期，離南北中派相差好幾百年。陸西星沒有道派的師承，自己也沒有開宗立派，他是在放棄科舉考試以後，潛心修煉內丹，又四處雲遊訪道，建立一套完整的思想系統。和其他丹家相比，他的著作異常豐富，除了注解莊子的名作《南華真經副墨》之外，還寫出一本《方壺外史》，裡面蒐集大量道經、丹經，一本一本撰寫注解，包括《參同契》《悟真篇》《青天歌》《陰符經》《道德經》《入藥鏡》。還有一種說法認為，描寫周武王與姜子牙率領各路仙真討伐紂王的《封神演義》，就是陸西星創作的神魔小說！

不過，陸西星本人沒有開宗立派，難道就因為他學問太大，後世就把他尊稱為東派始祖了嗎？有一種說法是，東派是與西派相對的稱呼。西派的創始人李西月（一八〇六—一八五六）是清代道光、咸豐年間的人，離陸西星的時代又有兩百年以上的差距。但因為他是四川人，陸西星生活在江浙沿海一帶，恰好形成一西一東的對比，所以西派、東派兩派的說法就出現了。

李西月對陸西星的愛很深、很深。有多愛呢？李西月本名元植，因為陸西星叫西星，所以他入道後改名西月；陸西星號潛虛，他就號涵虛；陸西星字長庚，他就改字長乙。李西月的內丹學陸西星，所有著作都學陸。陸西星寫過《方壺外史》，他就要寫《圓嶠內篇》；陸有《南華副墨》，他就有《東來正義》；陸有《玄膚論》，他有《道竅談》；陸有《就正篇》，他有《循途說》。陸西星有關的大小事，他都要和陸作對稱。這樣看來，東派出現的兩百年後，西派終於找到他的另外一半，難道不是美事一樁嗎？

道派傳承的系譜，或者東西南北中的派別稱號，很多是後人建構的說法。被推尊為宗派始祖的人，原本未必有開宗立派的想法。但是隨著時間拉長，他的地位不斷上升，相應的就會有系譜和稱號出現。即使這不能當作歷史事實看待，還是反映出一段時間內的人們怎麼思考、怎麼感受。內丹五派的說法是經過數百年以上慢慢建立起來的，有許多歷史淵源的因素牽涉在裡面，不只是淺薄的湊數字而已。最重要的是，讀者可別再被金庸小說的華山論劍弄混淆了！

脫去儒服，我們也學道

——宋朝士大夫的道家世界

李長遠

明明是春暖花開的美好時節，在長安東南的一個邊遠州縣，卻有一位看來頗為失意的文士，以略帶苦悶的口吻吟著詩。此時是北宋第二位皇帝太宗（九三九—九九七）在位的淳化三年（九九二），中國在他手上再次完成統一，結束了長達半個多世紀的分裂戰亂，宋王朝正要進入一個繁榮穩定的時代。但這名文士為何顯得不開心呢？他的名字是王禹偁（九五四—一〇〇一），原本是太宗身邊的文書官，前途大好，卻因直言敢諫，觸怒了皇帝，被貶謫到商州。王禹偁有一個待實現的崇高理想，但因政治生涯突然遭遇挫折，只能用詩歌表達自己的心聲：「我生長在一個美好的時代，志向也很遠大。我從周公、孔子傳下來的經典中汲取學問，期望能輔佐君主成為像堯、舜一般的帝王」。周公、孔子傳下的經典，就是一般所說的「五經」，它是儒家用來治國的重要典籍，而堯、舜則是儒家心目中理想的聖王。在王禹偁的詩文作品中，我們經常可以看到這樣的呼聲。除此之外，他還很仰慕唐代的韓愈（七六八—八二四）和柳宗元（七七三—八一九），提倡寫作一種符合儒家經典原則的文章，稱為「古文」。所以後來的人都說他是一名「古文家」，同時也是儒家忠實的追隨者。

可是，這樣的印象只反映了過去歷史的某一部分，我們時常忽略的是，王禹偁也懷抱著道家的夢想和興趣，他一心想要輔佐的君主宋太宗，對道家更有無比的熱情，這其實是一個道家氣息相當濃厚的世界。

想當官也得懂道家

宋太宗出身軍旅，很喜歡閱讀《老子》，他認為《老子》書中除了用兵哲學，還有關於個人養生和治理國家的理論。太宗和大臣們在討論如何治國時，經常會引用《老子》的話。比如有一次，他們提到《老子》書裡說：「治大國，若烹小鮮」。意思是治理國家要像烹煮小魚一樣，不要任意翻動，減少干預或擾亂百姓的生活步調，應該無為而治、順應自然。他們一致認為，這是道家的理想，也是治理國家最有效的方式。

用道家的方式來治國的想法，在北宋初年非常流行，它經由一些管道傳播開來，其中一項就是科舉考試。宋代主要透過科舉考試選拔政府官員，士人們必須先報名地方州府所辦的考試，合格後會拿到一張「解狀」的證明，再到京城開封參加由禮部舉行的省試。通過省試的人，還要再到最後一關的「殿試」，由皇帝親自出題來測驗考生，合格者就是該年的進士，也將是新進的官員。宋代科舉考試的內容一般以儒家經典為主，但如果遇到像太宗這樣喜愛道家的皇帝，就會在殿試中出一些跟道家經典有關的題目。例如太宗曾在殿試時，要大家作一首「烹小鮮詩」，就是想看看這些未來官員的治國理念，與自己是否投契。王禹偁被貶到商州的這一年，太宗又在殿試時，要考生以「卮言日出」為題寫一首賦。由於這段擷取自《莊子．寓言篇》的詞句太過冷僻，幾乎沒什麼人會寫。太宗出的這個難題，後來傳到了商州，很喜歡讀《莊子》的王禹偁也試寫了一篇。他最後的結論是：「今天我們的君主深入瞭解《莊子》的旨趣，希望能以清淨自然的方式帶領天下百姓，因此才用這個題目來測試各位考生」。這段話的另一個意思就是：想要進入政府當官嗎？趕快去把道家經典拿出來讀吧！

王禹偁在試寫新賦的同時，也找出過去的舊作，將所有作品編為一卷，給它一個名字：〈律賦〉。他告訴我們，當年還未考中進士前，他學習寫賦，超過數百首，但留下的並不多。後來考中進士，聲名大噪，同窗好友們又紛紛來索取他寫的草稿，想作為日後考試的作文範本，所以這時存留的舊作只剩十多篇。可是如果稍微注意一下這些舊作的題目，就會發現好多篇都跟「卮言日出」一樣，是從道家經典來的。為什麼呢？原來王禹偁自己在做考試練習時，已經試著猜題，他知道太宗喜歡道家，政府運作也遵循著道家的原則，準備考試當然就要在這方面下功夫。事實上，北宋政府並沒有將道家經典明定為教科書，但全國考生為了應付可能出現的道家試題，肯定都會盡可能熟悉《老子》、《莊子》等相關書籍的內容。如果翻開整個北宋科舉的歷史，就會驚訝地發現，

蘇州玄妙觀三清殿宋代老子畫像碑
（唐吳道子原畫　南宋復刻）

道家類的試題從來沒有消失，只是在太宗和他的兒子真宗（九六八—一〇二二）兩代，出現的頻率更高而已。

說到真宗，他對道家的崇拜程度，可以說遠勝過太宗，在中國歷史上是有名的。大中祥符七年（一〇一四），真宗在殿試上一口氣出了三道試題，全部引用《老子》的文句，要求考生以「道無常名」為題作賦、以「沖氣為和」作詩、以「天地何以猶橐籥」作論，顯示他對道家的熱愛。殿試一般就考詩、賦、論各一題，今年道家試題百分之百的命中率，肯定會引起全國考生的注意，在準備明年的考試時，特別補強道家的相關知識。隔年，范仲淹（九八九—一〇五二）考上了進士，我們在他的文集中就找到不少和道家主題有關的賦，這些賦大概就是他考前的模擬試題吧！

當皇帝給出了這類的題目，考生們又該如何作答呢？我們看看王禹偁都說了些什麼。他在賦裡談的都是要使天下太平、百姓生活安樂的美好圖景，且多半引經據典，要讓皇帝知道他不是空口無憑的。其中，王禹偁很常提到一位古代傳說中的帝王——「黃帝」，就是現在我們耳熟能詳的「炎黃子孫」中的「黃」帝。他有一篇文章叫〈崆峒山問道賦〉，這個故事的底本同樣來自《莊子》，它原來敘述：黃帝在立為天子十九年後，前往崆峒山向廣成子問「道」，希望藉由了解「道」，能掌握氣候，使五穀豐登，養育百姓萬物。但廣成子卻告訴黃帝：你只想著如何掌管天下，心胸太過狹隘，實在沒有資格談論「至道」。黃帝回去之後，就捨棄天下，獨居三個月，再前往求教。這時廣成子才教導他如何修養身心，以達到長生之「道」。所以《莊子》的原義是要人脫去外界世俗的執著，不被外物環境所擾亂，返回到注重自己身心的平靜與保養。可是王禹偁則解釋，黃帝所習得的「道」，其實就是政治上的「無為」，君主只須靜默、不作為，百姓生活自然能夠和樂安康，並不是完全拋棄天下而不顧了。

一開始我們說到，王禹偁的理想是輔佐君主成為堯、舜，不過，他在文章中提及黃帝的例子也不少，似乎把黃帝看做道家聖王的一個模範。除了「崆峒問道」，王禹偁總喜歡引用黃帝的另一則故事，叫做「夢遊華胥」。這是來自另一部道家經典《列子》的記述，它的大意是說：黃帝憂慮天下不能得到良好的治理，於是放下紛繁的日常事務，遠離世俗，減少飲食，自己獨居起來，三個月都不理會政事。有一天，他白天入睡，夢到遊歷至「華胥」之國。這個國家沒有教導及管理的人，百姓沒有嗜好和慾望，一切順隨自然。所以華胥的人們不會厭惡死亡，沒有私心和愛恨，不計較利害，更不會感到任何畏懼和憂傷。黃帝醒來之後，有所感悟，了解到治天下只需要自然無為就可以了。故又經過了二十八年，天下大治，幾乎就和華胥之國一樣，而黃帝卻升天了。百姓為此悲痛大哭，持續了二百多年。這個故事跟《莊子》的「崆峒問道」有一些相近的地方，但更強調黃帝的政治成就，他不只是為個人，而是能為天下百姓帶來美好的生活。王禹偁喜歡在詩文中提及「華胥」，用它來表示太平清明的世界。他也好幾次在上奏給太宗的文書中，讚揚太宗能引領百姓前往「華胥」的國度。所以我們可以說，王禹偁也懷抱著「黃帝」夢，這是一個屬於道家的夢想。

宋代晁補之〈老子騎牛圖軸〉
臺北故宮博物院藏

日常生活中的道家樣貌

那麼宋太宗有沒有想過效法黃帝呢？我們不是很清楚，但他真的就如道家經典所說的，除了用清靜無為的方式治理國家，也講究個人身心的修養。太宗召見過不少道士，如華山的道士陳摶（？—九八九）和丁少微，向他們詢問治國、養生的事，彷彿黃帝去拜訪廣成子一樣。丁少微很懂得用煉氣的方法養生，也會服食丹藥，他曾向太宗進獻過金丹和一些珍貴藥材。太宗對金丹很感興趣，不只自己吃，還會把金丹賞賜給臣子們。像劉蟠（九一九—九九一）、上官正（九九三—一○○七）這兩名官員因為生病了，太宗為了表示安慰和關心，就賜金丹給他們服用。

宋太宗還寫了兩百首的詩，並為這些詩作了注解，匯集起來名為《逍遙詠》。「逍遙」二字當然是出自《莊子》，不過這些詩除了歌詠、傳達道家的思想，還包含許多佛教的內容。太宗似乎是想把它們融合在一起，不分彼此。《逍遙詠》也透露了太宗對煉丹術的喜好，他不只煉外丹，同時也煉內丹。例如他說「仙經無限意，龍虎返丹砂」。就是在說外丹。煉丹家常以「龍」代表外丹原料汞，以「虎」代表鉛，「丹砂」在這裡則被用來指稱經過反覆燒煉、變化而成的金丹成品，有時也叫作「靈砂」。所以就有像

《七返丹砂訣》、《七返靈砂論》這樣名稱的外丹作品。《逍遙詠》另外也有「凡情謾說內丹真」、「靈胎脫體方知聖」的句子，明顯就在說內丹，描寫人體中的修煉功夫。可見太宗不管在治理國家或調養身心上，都走著道家的路子，相較於成為堯、舜，太宗倒更像是一位「黃帝」了。

王禹偁在政治上描繪出一個道家夢，並不只是為了讓考試合格，或為博取太宗的好感、求得官運亨通，而是真的熱愛道家。在他的生活裡，處處都有道家的蹤跡。王禹偁晚年第三次被貶謫，來到南方的黃州，這是當年發生赤壁之戰的地方，後來蘇軾（一〇三六—一一〇一）也被貶官到這裡，寫下有名的〈赤壁賦〉及〈念奴嬌〉。但王禹偁的興致不同，他在黃州城門外牆西北的一角，修建了兩間小竹樓，平常沒有公務時，就披著「鶴氅」，頭戴「華陽巾」，在樓內讀《周易》，或焚香靜坐，消遣人世的煩憂，相當愜意。「鶴氅」與「華陽巾」都屬於道家服飾。華陽巾是道士所戴的一種帽子，相傳為南朝梁高道陶弘景（四五六—五三六，自號「華陽隱居」）所創製，故有此名；鶴氅則是用鳥羽製作而成的道袍，類似於斗篷的禦寒外套，上頭常有仙鶴的圖樣。在古代，鶴因為羽色純潔、姿態飄逸，被視為仙禽。道家傳說中也常將鶴描寫為神仙的座騎。在王禹偁的時代編寫成的道經《雲笈七籤》，就記載創立五斗米道的張天師，是乘坐仙鶴

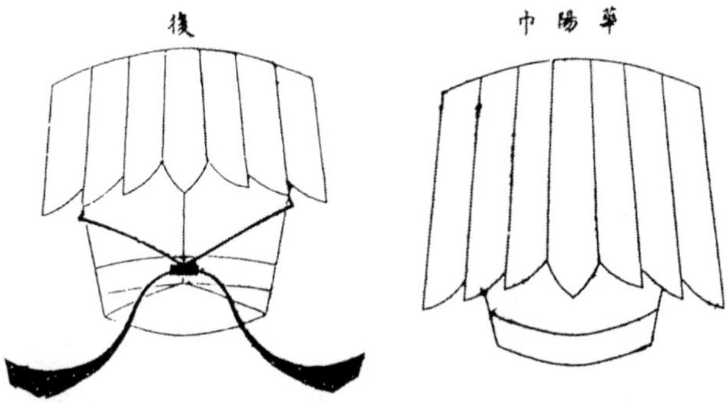

華陽巾

（見明代朱術垧撰《汝水巾譜》北京圖書館藏明崇禎六年自刻本）

正一法師　洞神法師　洞玄法師　洞真法師

道士法服

（見《正統道藏》所收《洞玄靈寶三洞奉道科戒營始》卷五〈法服圖儀〉）

雲遊往來的。所以穿著鶴氅，除了有飄逸脫俗之感，經常也透露出內心希望如神仙那般飛昇的嚮往。

在宋代當官，也像現在的公務員一樣，有上下班制，王禹偁平時上班需要穿戴正式的官服，但下班後，他總是喜歡換成道家式的服裝。宋代的道家服飾一般分為兩種，一種是道士在進行宗教儀式時所穿的，稱作「法服」，色彩、樣式都相當華麗，在穿戴的鞋、帽及全身服裝上，有星斗、雲彩和仙鳥等等的圖案裝飾。道士們必須依自己的法位階梯穿著不同的法服。另一種是道士日常穿著的「常服」，比較簡單樸素，也沒有嚴格的規定，形式很多樣。像王禹偁在商州所穿的道服，就和在黃州時不同，他在商州是戴著使用楮樹皮製成的帽子，加上粗布褐衣和黑色紗巾。王禹偁雖然不是道士，但他和他當官的朋友都喜歡道家事物，把道服當成休閒服穿，或作為禮物相互贈送。對他們來說，道服除了穿著上輕便，還可以表現自然超脫的情懷，以及內心的自在閒適。

在京城開封時，王禹偁因為是很接近皇帝的文書官，事情繁雜且工作量大，所以只能在偶爾放假或下班時，穿著道服。他有時會想像著自己如果能放長假，就可以身穿道服，伴著漁家的船舫，到處遊山玩水了。結果，他卻是因為被貶官到外地而實現了這項心願。不管被貶至商州或黃州，由於遠離了城市的喧囂，沒有太多政事，王禹偁平時就穿著道服，在書齋裡讀書，或在庭園中煎茶、搗藥。他很重視養生，有自己的藥圃，經常撿藥、煎藥來吃，或在三餐裡加入藥苗。有時吃得太油膩，自覺全身氣不通暢，也會齋戒幾天改吃素。王禹偁有許多朋友喜歡服用外丹，像是當時有名的詩人潘閬（？—一〇〇九），但他自己對丹藥的興趣似乎不大。

學習如何睡得更養生

王禹偁特別喜歡讀《莊子》，在他被貶謫到外地時，《莊子》是最能安慰他的心靈良藥。從《莊子》書中，王禹偁領會一種「守靜」的功夫，名為「虛室生白」。它的意思是：保持內心的虛靜，不為欲念所蒙蔽，心境自然清澈空明，體悟最純粹的真理。實際上，對於道家的修煉方法，王禹偁肯定是有一些了解的。他曾經寫過一首名為〈睡〉的詩，其實就是在談道家的睡功。詩句間對「睡」的過程，有一番生動的描述：「當睡下之後，彷彿來到了另一個純粹、和樂的春天世界。這時候不會發出聲音，不然是很俗氣的；也不會做夢，保持著自然純真。輕輕的呼吸，像是龜的氣息。又有如化為蝴蝶，輕柔飛起」。這段話裡面，提到許多關於道家睡功的特性，例如無聲、無夢和龜息。究竟這裡頭藏著什麼祕密呢？

其實，說到「睡」的功夫，最有名的莫過於同時代的道士陳摶。陳摶是一位相當傳奇性的人物，他隱居在華山的雲臺觀，不只當時聲名遠播，受到多位皇帝的召見，後世也流傳許多關於他的故事，一般人都稱他「希夷先生」。王禹偁早年初任太宗的文書官時，陳摶還在世，必定也聽聞過他的事蹟，雖然兩人並沒有實際的往來。

陳摶才華洋溢，除了擅長詩歌，也懂得各種道家的修煉方法。據說他很喜歡睡覺，也很能睡覺，經常一睡就睡上一百多天。有一次，後周世宗（九二一—九五九）把陳摶關在房裡，暗地觀察，時間過了一個月，發現他仍然在熟睡中。但是，陳摶的「睡」不同於一般人，實際上是一種調節身體氣息的功夫，道家稱為「胎息法」或「蟄龍法」。表面是睡覺的姿態，但內在精神和氣息都在進行特殊的活動，並不是真的睡著了。

時間稍晚有一位士人文同（一〇一八—一〇七九），記述了陳摶這項道術的來源。他說：希夷先生陳摶，在五代的後晉時來到四川遊歷，聽聞當地天師觀的道士何昌一，擅長一種「鎖鼻息」的道術，可以一睡就睡上一個多月才醒來。於是他留下來學習，最終也能實際操作；後來回到北方，又持續修煉，功力越來越高，達到一種返老還童的境界。文同告訴我們，教會陳摶如何睡的是一名四川道士，但他的方法被稱作「鎖鼻息」，聽起來像是和人的氣息、呼吸有關的功夫。只是，「鎖住」了「鼻息」，人又怎麼呼吸呢？

明代有一位周履靖，編寫了名為《赤鳳髓》的書，裡頭記載〈陳希夷熟睡華山〉的圖訣，還有〈華山十二睡功〉的口訣，宣稱就是陳摶睡功的秘法。口訣大概是這麼說的：首先，端正身體盤坐，上下排牙齒相互敲叩三十六次，喚起身體裡各個器官之神。接著，寬鬆衣物，讓身體側躺，向左向右都可以。唇齒輕輕合上，舌尖自然平貼於上顎，稱作「搭鵲橋」，這樣可以接通任、督二脈；雙眼微微閉合，但仍露出一線目光，注視鼻尖。然後，調整呼吸的次數及頻率，使氣息逐漸和緩，細勻而綿長；並以意念守住下丹田，令心神和腎氣會合，化生「內藥」。這些敘述，很像是內丹的修煉法則，已不確定是不是陳摶原來的睡功了。

不過，從後來人們的睡功口訣中，我們可以了解它的一些特點，拿來和王禹偁詩中的描寫作對照。王禹偁說他睡覺時是不會做夢的，這個「無夢」的說法其實最早來自《莊子》。《莊子》說：「古代真人睡覺時不做夢，醒來時沒有憂愁」。為什麼這麼說呢？因為一般人總是被世俗生活中的各種事情所困擾，不安的情緒、慾望和煩惱籠罩人的心志，即使入睡了，也常化作夢境擾人，使人片刻不得安息。但《莊子》理想中的「真人」，心靈恬靜淡泊，沒有情慾雜念，所以便不會做夢。道家睡功也強調內心的安定寧靜，令精神集中，去除雜慮，使氣息能自然深長。這一點與「真人」是相近的。但更重要的，睡功其實是維持一種「似睡非睡」的狀態，沒有真正進入睡夢之中。宋代就流傳著陳摶的一首詩，他說：「至人原本就不做夢，他的夢是漫遊於仙境。真人原本就不入睡，他的睡猶如飛昇至雲霧間。爐裡有觸手可及的藥，壺中別有一番天地。要知道在睡夢裡，有人世間最玄妙的事物」。這首詩實際上就吐露了睡功並非真的入睡，而是在身心靜定的狀態下，構築另一個修煉世界。懂得「睡」的人，自然可以從中探尋到玄妙的變化，達到長生成仙的目的。巧合的是，陳摶有一位弟子，也是當時的著名道士，就叫張無夢。「無夢」這個名字，或許與陳摶的睡功有很深的關係吧！

道家的睡功又常被稱作「胎息」，說明這套功夫與人的氣息密切相關。陳摶詩裡所說的，爐裡自有觸手可及的藥，大概就是指每個人身體中固有的氣或「元氣」。至於如何運用這身氣，則是睡功的關鍵。王禹偁說，睡覺時要輕緩呼吸，如同龜的氣息，其實已點出了睡功的特性。「息」指呼吸，一吸一呼為一息。「龜息」就是仿效龜的緩慢呼吸，拉長每一次吸跟呼的時間，讓氣可以在身體內充分作用，因此氣息會變得非常細微勻長，讓人感受不到氣息的進出。這種睡的狀態，也是另一種靜定的修煉，悄然無聲。南宋詩人陸游（一一二五—一二〇九）似乎也懂得這個道理，他有一句詩說：「安眠龜息浩無聲」。講的就是睡功。所以文同記載陳摶向四川道士何昌一學習「鎖鼻息」，這裡的「鎖」就不是完全緊閉不通，而是口鼻的呼吸細微輕緩到像是中止了。在金庸小說裡，很多高手都會睡功，譬如《射雕英雄傳》中，王重陽就以龜息功假死，騙過了歐陽鋒；《天龍八部》則提到少林寺藏經閣的掃地僧，將慕容博、蕭遠山二人打成龜息狀態，讓人以為他們已經喪命。為什麼「龜息」會讓人誤以為死了呢？不就是因為它悄然無聲、狀似無息的睡眠特徵嗎？

范仲淹和他的朋友也學道、求道

當王禹偁日漸老去，另一位宋代士人的領袖范仲淹，正要走上歷史的舞臺。前面談過，范仲淹為了準備科舉，留下一些與道家主題相關的賦。事實上，他同樣熱愛道家，終其一生都在學道、求道。范仲淹年輕時曾有一次遠行，他從家鄉山東來到長安，認識了當時掌管終南山上清太平宮的王袞與他的兒子王鎬，兩人都不是道士，但表現出濃厚的道家氣息，王鎬還會煉製「靈藥」。范仲淹透過他們結交到兩位學養豐富的道士，一位會刻寫古老的文字——篆書，另一位則很懂得《易經》。雖然范仲淹很快又回到家鄉準備科舉考試，後來順利入仕，成為有名的官員，但他跟這些長安的道友們並未斷了聯繫。

范仲淹這次遠行很像是求道之旅，在當官以後，也依然保存著這股對道家事物的熱情。剛開始，范仲淹到東南淮水濱的泰州擔任興化縣令，這時與他同年考取進士的好友滕宗諒（九九一——一〇四七），也在泰州當官。這位滕宗諒就是後來請范仲淹寫下〈岳陽樓記〉的滕子京。兩人志趣相投，都喜歡道家，滕宗諒有次就拿出自己珍藏的「真籙」給范仲淹看。這函道籙的名稱並不清楚，只知道屬於上清法籙，上頭有綠、紅字的符書及北斗七星圖樣，可用來召喚、役使鬼神。范仲淹在開卷之前，還先叩頭，並以上下排牙齒相互叩擊，也就是「叩齒」，這是一般道士在做法事、誦經前常見的儀式。道家傳統認為，人的身體內有許多「身神」，叩齒就像擊鼓一樣，可以召集身中之神，令他們警戒守衛，邪魔就不敢來侵犯。范仲淹在讀道籙前，還知道這些步驟，可見他是很專業的道家愛好者。看完道籙後，他又和滕宗諒相約，哪天一起辭官歸隱，希望依靠這函真籙的神秘力量，超脫塵俗，免去老死，攀登至上清仙境。

這麼具有儒者風範的范仲淹也想過要長生不死嗎？我們不敢確定。但他私底下相當重視養生，也懂得修煉的方法。范仲淹讀過許多道經，其中談論人如何運用意念，調養體內精氣的《黃庭經》，大概是他比較熟悉的一部。有一次，他寫信給另一位大臣韓琦

（一〇〇八—一〇七五），就引用《黃庭經》的說法，強調愛惜、保養精氣，吞嚥口中津液，便是最基本可信的養生方法，而不需要再去追求其他怪異的神仙方術。范仲淹對養氣的重視，與內丹學可能有些關聯。比如他在杭州當官時，認識了當地的著名詩人林逋（九五七—一〇二八），兩人就交流過內丹修煉的心得。范仲淹稱讚林逋熟悉道家秘術，所以修煉內丹很有成效，連頭髮都烏黑亮澤如新。范仲淹既懂得煉氣，也喜歡吃丹藥，而且不只是自己吃，也會分享給家人。他經常在寫給家人的信中，叮嚀他們要多看道書，吸收養生的知識，同時會附上一些服食的丹藥。他曾寄送一種名為「服（伏）火丹砂」的丹藥給三哥范仲溫（九八五—一〇五〇），「丹砂」是礦物硫化汞，有毒性，古代中醫偶會拿來作藥方，但不能多吃；「伏火」是煉製外丹的一種方法，利用對礦石藥物加熱，減低它的毒性。在唐宋時代，吃伏火丹砂的人很多，也有不少因多食或誤食而死的例子，范仲淹特地將它寄給家人，可見他深信這類丹藥的功效。

在閱讀道經的過程裡，范仲淹注意到做善事、積「陰德」也是修道成仙的必要條件。有次他路經太清宮，在仙氣瀰漫的宮觀前，吟詩表達對神仙境界的嚮往：「誰說神仙之道難以求得？只慚愧自己累積的陰功還不夠多吧！」范仲淹總是相信，人只要持續做好事，冥冥之中就會累積功德，一旦達到某個程度，便可以脫胎換骨，飛升成為神仙。當他有位朋友即將轉任刑獄官時，他就提到道書記載要成為神仙，必須先在刑獄任職，因為這是最容易累積陰德的地方。其實，行善積德能輔助成仙是道家傳統中很古老的觀念，早在東漢末年的《太平經》就把努力行善、積功累德，看作是成仙的重要條件，也是必須學習的一種「仙法」。比范仲淹時代稍晚一點的南宋，出現了中國最著名、流傳最廣的道家善書《太上感應篇》，它告訴人們自身的善、惡行為，都會有相對應的福、禍報應；而行善之人除了能夠得到神靈護祐，還可以依累積善行數量的多少，成就不同等級的仙品。今天我們到寺廟裡，還可以看到許多贈閱的善書，雖然已很少人會有成仙的想法，但行善積德可獲取福報的觀念依然盛行。

像王禹偁、范仲淹這樣熱衷於學道的士人，並不是宋代的特例，反而是一種縮影。我們看看范仲淹的一些朋友就知道。范仲淹成長於山東地區，後來到靠近京城開封的睢陽書院讀書，入仕以後，又曾一度回到書院任教，所以他和山東、睢陽這一帶的士人交情很深。山東是宋代儒學運動的發源地之一，睢陽書院的教學也以儒家經典為主，在書院求學而考中進士的人很多。不過，這裡除了儒學，也有道風。

稚穎（九九六—一〇五〇）是范仲淹在睢陽書院的同學，曾經考取進士，後來回到書院教書。他很仰慕老子和莊子，對道家世界懷抱憧憬，一心期盼能達到與老、莊逍遙同遊的境界。宋代名臣張方平（一〇〇七—一〇九一）是嵇穎的外甥，自小受他養育教導，同樣具有求道之志。他曾說自己生性曠達，嚮往遠古時代的天真淳樸，懷疑自己像是《莊子》書中「姑射之山」的神人，又想著要和老子、彭祖一樣長壽。但因為出身讀書人的家庭，必須研習儒學、考科舉，所以這個志向一直未能實現。事實上，張方平在成為政府官員後，仍不忘初衷，私底下常做氣功修煉，那是被他稱為「還元」的內丹術。「還元」的意思就是要返回最原初、與道相合的狀態。張方平認為他這套「仙術」，最終可以使人飛升至「逍遙」之國、「太清」之境。

張方平有一個朋友叫田度，與范仲淹是同鄉，在泰山附近的奉符縣當主簿，是地方上的文書官。張方平在還沒有考取進士前，曾從睢陽到山東遊歷，借住在田度的宿舍裡。田度拿出一卷道書給他看，上頭全是符文咒籙及古篆字。聽說這是某個採蜂人登上高崖後，在一個深邃的洞穴中發現的，原本有一百多卷，但下山後被村人瓜分散盡。當時田度急忙請人前去探問，最後僅得到這一卷。為此，兩人只能抱恨感嘆。從這裡就可以知道，山東、睢陽一帶的士人並不只以儒業相切磋，他們還常是親密的道友。而且即便是當官了，也不減求道之志。

當然還有更熱烈求道的例子，最後是連官都不當了。山東士人陳靖，與前面幾位都是朋友，他通曉《詩經》、《周易》等多部儒家經典，後來以《三禮》專家的名義，被朝廷特別授與官職。可是他官沒當多久，就跟長官起衝突，最後和妻子兩人跑去隱居起來。陳靖隱居之後，學習「辟穀」，就是不吃任何食物、只喝水，搭配體內呼吸、氣脈的調節，改善人體的機能，達到養生的目的。他的「辟穀」術修煉到經常可以一整年都不吃東西。陳靖後來被視為是一名有道行的高人，而不再是儒生了。

宋朝是一個學術文化蓬勃發展、思想活力十足的時代，儒學尤其興盛。但當我們習慣把宋代士大夫看作是儒家的代表或擁護者時，別忘了道家在他們的心靈生活中也占有一個重要的位置！

上窮碧落下黃泉
——翱翔在道教與文學的世界

高振宏

神遊：究竟是文學的無邊想像，還是嗑藥後的迷離幻覺

⊙掛錯地方的尋人啓事：碧落黃泉

臨邛道士鴻都客，能以精誠致魂魄。為感君王輾轉思，遂教方士殷勤覓。排空馭氣奔如電，升天入地求之遍。上窮碧落下黃泉，兩處茫茫皆不見。

——白居易《長恨歌》

〈長恨歌〉是白居易著名的作品，「上窮碧落下黃泉」更是大家熟悉的名句之一，但仔細想想，其中「碧落」好像有點熟悉又有點不熟，它究竟是在何處呢？原來「碧落」是道教的專有詞彙——「碧落天」，指的東方第一層天，因碧霞遍布，所以稱為碧落，後來就用來代指天空了。有趣的是，既然楊貴妃是在馬嵬坡被縊死，在中國人的想像中，理應是到地下世界的黃泉去尋人，為何卻跑到天上去找？這也來自道教的另一傳統，在道教視野中，喜歡把不平凡之人視為天仙轉世，他們可能是因犯罪或是修行未滿而被謫謫人間，在人間完成未完的修行或是承負的天命之後便會透過不平凡的死亡歸返

天界，這樣的想法在唐代尤盛，所以有「謫仙」李白美麗的撈月落水傳說，「詩鬼」李賀受召，為天帝的白玉樓（白瑤宮）作記文。除了男性之外，他們也將許多特異女性視為謫謫下凡的女仙，特別是女道士，因為唐代許多皇帝過世之後，朝廷多會命令後宮嬪妃出家入道，為先皇祈福，有些皇室的公主也會以慕道、祈福為名入道（當然還可以還俗），享受比較自在、不受拘束的生活。這些女道士多是年輕女性，特殊的身分（出家）和特殊的妝扮（黃冠），有著仙炁渺渺的風姿，所以常被當時人視為是謫降人間的女仙，對他們有著特殊的想像甚至是遐想，像白居易就有首〈龍花寺主家小尼〉：「綽約小天仙，生來十六年。姑山半峰雪，瑤水一枝蓮。晚院花留立，春窗月伴眠。回眸雖欲語，阿母在傍邊。」詩中書寫了一位正值年少、風姿綽約的小女仙，有著思春、期盼如意郎君的閨情，卻礙於主母或是現實的限制，也只能暫且割捨。白居易以男性的角度，揣想著道觀寺院中女性的閨情，反映了當時騷人墨客或是時人的想像，後來更與劉晨、阮肇天台遇女仙（南朝宋劉義慶的筆記小說《幽明錄》載，東漢明帝時候，有劉晨、阮肇兩人進天台山採藥，無意中遇見神女，逍遙數月，返家後卻物換星移，已歷人間七代）或是張鷟〈遊仙窟〉遇崔十娘、五嫂（唐傳奇〈遊仙窟〉作者張鷟自述旅途中豔遇美女五嫂、十娘，及其與十娘調情、發生關係的過程）的典故結合，形成唐人「以仙喻妓」的特殊隱喻——進入歌樓酒館為遊仙，以女仙譬喻娼妓，也形塑了後來多認為唐代的女冠為風流女道士的印象。由於楊貴妃在入宮前曾出家為女道，所以白居易巧用這個事實，讓玄宗請方士前往天界尋人。

道教中的「碧落」確實是個好地方，在《無量度人上品妙經》中有「碧落空歌品」，裡面敘說元始天尊在始青天、碧落空歌、大浮黎土傳授「元始度人空洞靈章自然之音」，當時眼見的景色是「碧落纏虛，天霞流曼」，碧落天中流蕩著各色雲彩，此時「神風鼓激，萬音合響」，在這些自然的天籟中產生了「浮沉清濁，抑揚宛轉」的音韻變化，最後交錯而成洞澈天地的歌章，其中暗含著諸天上帝、十方神王的名諱，誦唸這些歌章可以度過各式劫難，也能救度七世先祖。不過，約會總是得挑個比較隱密的地方，這種太過亮麗、眾仙圍繞的天界看來不會是個好選擇，更何況天界渺渺、仙人無情，更不適合談情說愛，尋人啟事掛錯地方，自然落得憾恨而歸。對相當世俗化的唐人來說，更希望的是接近人間、更有人味的神聖空間，所以玄宗最後在也是仙人聚集的海上蓬萊找到了太真仙女，兩人留下金釵為信，許下了超越時空的真愛宣言：「七月七日長生殿，夜半無人私語時。在天願作比翼鳥，在地願為連理枝。」雖然白居易之詩以平易近人、老嫗能解聞名，而〈長恨歌〉更是一首以敘事為主的長詩，但運用了這幾個道教典故，使得整個詩意更為豐富、深刻，楊貴妃不只是人世的美女，還是謫謫人間的女仙，也讓玄宗得試著突破空間限制來追尋，這種上天下地、周尋八方的時空幅度中就像景深的長鏡頭，在大背景中聚焦在男女主角上，讓許下的承諾更顯深刻。

⊙意象飛翔：香草美人和離體遠遊的另類遇合

紛吾既有此內美兮，又重之以脩能。扈江離與闢芷兮，紉秋蘭以為佩。
汩余若將不及兮，恐年歲之不吾與。朝搴阰之木蘭兮，夕攬洲之宿莽。

——屈原《離騷》

說起道教與文學的關係，大概都會追溯到被視為「前道教」時期的《楚辭》。《楚辭》孕育在巫風盛行的楚國文化中，當地深信巫鬼，只要有祭祀，必會以歌舞來敬獻或求媚諸神，所以《楚辭》中處處充滿了神秘而瑰麗的色彩。在中國文學傳統，《離騷》最有名的就是開啟了一個「香草美人」的傳統，用以比喻君王和賢臣，特別是自喻個人品格的高潔。當然這個傳統不完全是屈原自戀的表徵，有一部份是他為了遠征崑崙的準備。在《離騷》中多次提到「服」香草，這個香草不止只是一種佩戴在身上的「服佩」，也包括實際食用的「服食」。香草入菜沒什麼，可是如果服食過量又混搭一些特殊物品，就有可能會出問題。《離騷》中屈原有時候會喝「木蘭之墜露」（木蘭花的露水）、有時候吃「秋菊之落英」（菊花），偶爾配上瓊枝、瓊靡（玉樹、玉屑），這種氣味強烈的氛圍容易讓精神進入宗教上所說的入迷恍惚（trance）狀態，在這樣的多重混搭之下，讓屈原的身心皆進入純粹清淨的狀態，建立了能前往崑崙、上登懸圃的前提。所以屈原兩次上征崑崙固然有可能是實際的遊歷，但也存在精神性的「離體遠遊」的可能，而香草正扮演了重要的推動角色。這就像常見的吉普賽占卜，一個小小帳篷，裡面燃燒著強烈氣味的香草，光彩的水晶球與夢幻般的囈語，帶著你進入另一個神祕的世界之中。或許是屈原就是在這樣的狀態中進入另一個神話世界之中，而他運用美妙的文字書寫下這份他界經驗，開啟了後人無窮的想像，也促發更多文士對他界的嚮往。

屈原的方法可能代表了中國南方地區的方士傳統，他們希望透過服食（氣）、煉丹、導引等方式，來獲致長生不死。而在他筆下，崑崙成了最具代表性的仙界象徵，但要登上崑崙可不是這麼容易的事，還得通過流沙、赤水等危險區域，所以漢代時期，人們心中最大的願望就是希望能夠背生雙翅，成為飛翔到天上的羽人，又或是用金縷玉衣讓屍身不腐，玉封九竅、口含玉蟬，等待靈魂回歸復生。而在漢代墓葬的出土文物中也有許多昇仙（天）圖、乘龍（鳳）圖，反應他們對成仙不死的企望。相關圖像中最著名就是馬王堆帛畫「非衣」：非衣呈現了漢人三層式的宇宙觀，最下層的黃泉幽都（那時候佛教還沒傳入，還未把地下世界跟地獄連結在一起），由一位裸身力士擎托著土地，四周環繞著長蛇、鰲魚、大龜等怪物，有以為這位力士是海神禺彊，也有以為就是屈原《招魂》中的土伯；中層則是人間，有一位拄杖而行的老太太（墓主辛追），其下有類似舟船的穿璧相環長龍，有可能代表要承載墓主昇天；上層則是天界，中間是人首蛇身的天帝女媧，兩旁則為日月，其中有象徵太陽的金烏（生命之源），以及象徵月亮的玉兔與蟾蜍（復生不死）。所以整幅圖可能代表著要引領墓主的靈魂通過天門，上昇天界成仙。

馬王堆帛畫「非衣」

這種昇仙的期盼或許是一種素樸的想像，但也因此創發出不少令人驚異的藝術作品，而且在一些文學作品中出現了一種特別的視角——上帝的眼睛，作者不止只是一種神遊式的想像創作，更會比擬仙人，用俯視或飛翔的視角進行書寫。最具代表性的是東晉時期孫綽「擲地作金石聲」的〈遊天台山賦〉，賦中提到天台山為山嶽之神秀者，只是因為地處臨海僻遠之處，所以少有人登臨，但當時已有天台山的圖畫流傳，所以他也將憑藉著這些圖像進入天台山遊覽（余所以馳神運思，晝詠宵興，俛仰之間，若已再升者也）。而他「整輕翮而思矯」飛入，以羽人的姿態穿梭在天台各處，由此發掘所有山中的秘境（理無隱而不彰），這也是當時著名的「遊觀」。最後透過道教式的巡遊與玄學式的滌慮，他擺落了對生命、情緒的各種執著，也如屈原般在身心淨化後得以進入道教仙境：

遊覽既周，體靜心閒。害馬已去，世事都捐，投刃皆虛，目牛無全。……爾乃羲和亭午，遊氣高褰。法鼓琅以振響，眾香馥以揚煙。肆覲天宗，爰集通仙。挹以玄玉之膏，嗽以華池之泉，散以象外之說，暢以無生之篇。

他在正午時間、雲氣散離之時，終於能朝謁天尊（肆覲天宗）、與天界諸仙集會，暢飲人間難得的玄玉膏、華池泉，享受與天地共久長的高峰體驗。六朝中有不少文學作品都有這種飛行入山、發現秘境或是登昇仙境的翱翔體驗，不管它一種神遊還是實際之遊，都可能與道教經驗有密切關聯。

由於方士或道士為了採藥煉丹，長年在山中遊觀，為了更有效掌握山川形勢，自然會採用鳥瞰、俯視的方式，有時就依這些經驗繪製為山嶽鳥瞰圖，甚至將這些圖神秘化，認為它是通往神仙洞府的指引，或是具有符咒的功能，入山時佩帶在身上可以防身脫險，最著名的就是道教的「五嶽真形圖」：這個真形圖看似神秘難解，但是「江湖一點訣，說破就沒半項」，其實從俯瞰的視角來說，它就類似現今的等高線圖，只是更加的圖像化或文字化而已，若撇除其中的神異色彩，這樣的圖像確實能指引入山者往坡緩的方向行進，減少不必要的危險。而這種覽圖遊觀後來也被道教的上清經派吸收內化，成為一種身體的修煉技

洞玄靈寶五嶽古本真形圖

上清大洞真經，三十九戶神

藝，他們認為身體中的臟腑皆有各屬於自身的身神，透過內視（向內存思）讓各部位的身神各安其位，納宇宙於身中，而得上昇仙界、長生不死。除此之外，這種飛翔旋行的經驗也成為道教科儀中的「（躡罡）步虛」——道士足躡虛空，口中誦詠著「步虛詞（章）」旋行而上，到玉京山朝謁天尊。較早出現的「步虛詞」有十首，第二首所述的：「旋行躡雲綱，乘虛步玄紀。吟詠帝一尊，百關自調理」，道士踏虛而上，隨後眾仙接引，最後昇至天闕、朝謁天尊（歡樂太上前，萬劫猶未始），就與〈遊天台山賦〉的敘述相當類似。而「步虛詞」後來也成為一種詩體，南北朝的庾信、唐代的顧況、吳筠、劉禹錫，甚至是金代元好問等著名詩人都曾創作過，留下不少佳作。

⊙越吃越熱、越熱越嗨——服食、煉丹後的迷幻體驗

博山爐
（CC BY Cangminzho）

在屈原的離體遠遊經驗中，服佩、服食的香草扮演了重要的催化劑，而旋行飛翔的體驗也需要類似的引信，漢代以後出現了一種有趣的物質文化——博山爐，它主要用於焚香、蒸熏，類似現今宗教用品的淨香爐，但比較不同的是，博山爐除了上頭有人物、龍虎、鳥獸等雕刻之外，它本身就是一個山嶽的造型，所以有些學者就認為那些修煉者或是文人可能就是聞著薰香、存想著自己飛行入山（爐），穿梭在其中的各式神秘洞窟，訪仙求道，最後隨著裊裊輕煙上昇天界，就像詩人李白〈楊叛兒〉中所說的：「博山爐中沉香火，雙烟一氣凌紫霞。」又或是〈登峨嵋山〉：「蜀國多仙山，峨眉邈難匹。周流試登覽，絕怪安可悉？青冥倚天開，彩錯疑畫出。淩然紫霞賞，果得錦囊術。」不論是博山爐的旋行遊覽或是峨嵋的實際登覽，李白都希望逢得天門敞開，乘著屬於他的紫煙前往天界遨遊。

或許只靠強烈氣味仍不足讓這些人全然進入恍惚入迷的狀態，所以有時文人、道士也透過服藥煉丹來增加效果。這些丹藥多以礦物為主，希望透過服食將礦物長時不朽的性質延伸到身體之中，在漢末魏晉最有名的就是「五石散」：五石散為五種礦物煉製而成，有以為為丹砂、雄黃、白礬、曾青、慈石，也有認為是石鐘乳、硫黃、白石英、紫石英、赤石所成，據說吃了會全身發熱、皮膚變薄變白，所以必須喝酒、走路，將體內的熱氣消散，當時稱為「行散」，具有一定醫療效果。可是不管是哪一種配方，這些方劑都算是烈藥，具有相當的毒性，當時很多名士或文人都是服散中毒而死，所以有些學者認為這類似現代的毒品——搖頭丸或是冰毒。如若撇開醫學角度來看，當時道士都喜歡躲到山裡的洞窟修行，服散或是服丹確實有除溼氣、避寒的效果，而更重要的是，五石散的另一個作用是可以「令神明開朗」：前述上清經派發展出的「存思法」，就需長時間的集中精神「內觀」、「存想」，所以服食這些丹藥，相當程度是幫助修煉者進入狀態與持續狀態，就像是現代人精神疲累時得喝咖啡或是吃B群，只是吃多了還是會成癮。好玩的是，這樣的體驗不止反映在修行技藝上，在詩歌中也彰顯了其他獨特的意象，像是〈九華安妃降見楊羲詩〉前半部：

雲闕豎空中，瓊臺聳鬱羅。紫宮乘綠景，靈觀蕩嵯峨。
琅軒朱房內，上德煥緯霞。俯漱雲瓶津，仰掇碧奈花。
濯足玉女池，鼓枻牽牛河。遂策景雲駕，落龍轡玄阿。

其中出現了紫、綠、朱（紅）、碧等華麗的亮彩，還包括了混融多種色彩的緯霞、景雲，有時還會出現所謂「滿天全金條」的金色耀芒或是玉光煥彩，這些有別俗世經驗的景象；除了視覺性的光彩之外，在道教詩歌中也還有其他強烈視覺性、聽覺性的描寫，像是上清經中的《金真太空章》：「促校北帝錄，收執群魔名。豁落張天羅，放威擲流鈴。金真輔空洞，玉光煥八冥。金玄守上官，神虎戮天精。」詩中的「流鈴」指的

五石散

五石散中成分中有礜石，其含有砷、硫酸鹽等化學成份；而搖頭丸或冰毒則為亞甲二氧甲基苯丙胺和甲基苯丙胺。雖然化學成分不同，但因服食五石散後會讓血液循環加快，所以也曾被視作春藥使用，因此有學者認為，它與會使精神亢奮、增強性慾的搖頭丸和冰毒相類。

是六朝著名的道教法器「流金火鈴」，其形類似現今道士行法所持的帝鐘，是一種兼具聲光的攻擊武器，據說擲振火鈴時，聲聞萬里，還會散發各式流光，而得消魔滅鬼，比地圖砲的威力還強。而「神虎」則是天界專門啃食邪精之虎，詩中雖未有聽覺性的描寫，但就文字大概可以想見神虎怒吼咆哮的場面。這些文字描述我們當然可以解釋為幻視、幻聽，但反過來說，這也可以是來自服食丹藥後的高峰體驗，讓修行者進入另一重有別俗世經驗的神聖他界，開展了有別一般性的感官體驗，拓展更多的世界想像。

神魔鬥法：我們都想活下去！別想靠吃肉就成仙的修行辨證

⊙不能只想靠吃肉就成仙：物怪的悲命

天界風光雖好，但終是與我們這些有情眾生有些距離，不見得人人都是謫仙下凡，也不見得人人都有機會昇登俯覽天下，能夠誤入洞窟、巧遇女仙、得配為佳偶更是千年難遇。對一般大眾來說，關心的可能是更現實的人間問題，所以從唐代以來的筆記、小說就出現了許多道士降妖除魔的鬥法故事，到明清時期更被敷演為神魔小說，除了大家熟悉的《西遊記》、《封神演義》、《白蛇傳》等之外，還有《三寶太監西洋記》、

《三遂平妖傳》、《東遊記》（八仙）、《南遊記》（五顯靈官華光大帝）、《北遊記》（玄天上帝）等等，到現今也有不少相關的影視作品，像是近年火紅的《三生三世十里桃花》、《香蜜沉沉燼如霜》、《紅衣小女孩》、《粽邪》等，可見神魔與愛情類似，是永不退燒的題材。

宋代洪邁在《夷堅志》紀錄了一則〈同州白蛇〉的故事，內容就像一部微型的神魔小說：民間傳說同州（今陝西大荔縣）有白蛇妖怪為患，當地的官員和民眾都深受其害，但有某位宰相的女婿貪圖當地優渥的稅收，所以自願前往當官，但沒想到交印三日後便一病不起，後朝廷派遣張天師前往處治。但天師到達時，宰相女婿卻消失無蹤，天師透過當地城隍得知是一尾靈力強大的白蛇作怪，於是在蛇洞外三里築五層壇，領道士作法。天師分別發出白符、赤符、黃符劾召邪精，後白蛇出洞、逼近法壇，天師左手持州印、右手持玉印（陽平治都功印），將蛇壓制在第三層壇，然後再以飛劍殺除，同時也驅除洞中其他作孽的蛇精，解決了當地的困擾。

故事中的白蛇和狐狸、猿猴、虎、熊、蛟龍等算是中國古典型的精怪，從先秦以至近代都相當常見，相對來說，明清時期則出現了新興型的僵屍，在九零年代的香港和臺灣則有過《暫時停止呼吸》、《殭屍先生》等僵屍電影的風潮。這些傳統的精怪大多是動物，他們最大的興趣就是「找人陪我玩」——與人交合或是吞噬人類，不過在動物界中還是有著各種歧視的，虎、熊為大型猛獸，當他們變為精怪時，飲食慾望特別強，就會像魯夫高喊著：「我要吃肉」；猿猴近似人形，也就比較聰慧，正面屬性較多，像是孫悟空、白猿公就都透過修行而歸入正道，而不是被降伏的對象；蛟龍則是因不成龍（不成材），被視為作亂淵藪，性淫狡猾又很會生，不易全然剿滅，而其原型可能為鱷魚，不易對付，所以會被斬被鎖，多方追擊。而最受到性別歧視的就是蛇與狐狸，在古典文學傳統，蛇與狐狸是有男有女，或是不分性別的，但受到白蛇故事或是《聊齋誌異》的影響，蛇與狐狸常被投射為——美麗、甚至是妖艷的女性，常常主動地來誘惑男性。這就產生有趣的問題：為什麼住在可怕猛獸區的就會被視為愛吃肉、整天想繁殖後代的男性？住在可愛動物區的就該被視為女性？少數的異類（異色）就該被視為有害？美麗也不見得是她們的錯，一個巴掌拍不響，如果男性不動心，那怎麼會被誘惑呢？白娘子是為了報恩，狐仙也未必都是要奪男子精氣啊！在這些物怪的想像中，反映著中國人本中心、男性中心的思考，《西遊記》可說是集大成者，裡面就是一個動物精怪的世界。

《西遊記》中的八十一難有許多都是由精怪所化設難，有動物成精者，如黑風山黑風洞的黑大王為黑熊精、白衣秀士是白花蛇怪、凌虛子為蒼狼精，七絕山稀柿衕的紅鱗大蟒等；也有植物成精者，像是荊棘嶺木仙庵的勁節十八公諧音松樹、孤直公是柏樹、凌空子乃檜樹、拂雲叟乃竹竿、赤身鬼為楓樹、杏仙即杏樹；甚至水怪、昆蟲皆可成精，如碧波潭的萬聖龍王與其女萬聖公主為水怪，女婿為九頭蟲；更甚者，還有天界諸神的弟子和眾般神獸，如獅駝嶺獅駝洞的妖魔分別為文殊的青毛獅、普賢的象王、如來的大鵬金翅鵰；小雷音寺的黃眉老怪原是彌勒菩薩司磬的黃眉童兒、麒麟山獬豸洞的賽太歲為觀音菩薩的腳力金毛犼等，他們共同的宣言就是希望可吃得唐僧肉或與唐僧匹配，便可獲得長生不死，與天地同壽。這樣說法的底層仍不脫飲食、男女的慾望，雖說悟空曾言：「大抵世間之物，凡有九竅者，皆可以修行成仙。」但不脫飲食、男女的欲望如何能修行成仙。這或多或少也反映了人本中心的思考，由於人異於禽獸者，便在於我們具備思考能力，能夠節制自身的欲望，因此若這些精怪能有效的自我控制，那就不會啟動自我毀滅的爆炸裝置。所以像五聖自身，也都可以算是具物類特質的精怪，如猴子、豬、水族、龍馬，甚或唐僧的前身金蟬子，也帶著昆蟲的特徵，但他們在歷劫度難中不斷磨練心性、反思自我，最終才能修行成佛。

當然這些精怪也不只是單純的物久成精、充斥著欲望的物類，在中國文學傳統中更添加了的各式豐富的象徵和隱喻，像是《西遊記》中的主題就是環繞著「心猿」、「意馬」來開展，而五聖中的悟空為金公、悟能為木母、悟淨為為土母或黃婆，又具有金木水火土的五行隱喻，可對應到干支、五臟，與內丹修煉有關，所以曾經很長一段時間的主流解讀法是以內丹角度來詮釋，如《西遊證道書》、《西遊原旨》、《西遊真詮》等。而明清的通俗小說也大量採用這些動物典故或譬喻，不只是神魔小說，像公案小說的《包公案》有御貓展昭和錦毛鼠白玉堂，家將小說《說唐全傳》中眾家英雄的坐騎也喜以這些珍奇猛獸命名，而有趣的是，這些物類之間當然也有高下位階之分判，從出戰的將帥所騎的坐騎有時大概也就可以預測勝負如何，像是《封神演義》中姜子牙陣營對上九龍島四聖，本土戰馬對決狴犴、狻猊、花斑豹和狰獰，其中的狴犴和狻猊是龍子，屬於神異動物，形類獅子，而花斑豹為外來動物，一如運動界的諺語「旅外就是神」，類似獅子、花豹這種外來動物總是比較威，所以本土戰馬紛紛骨軟筋酥，連姜子牙都跌下馬來。不過即使旅外、過過鹹水，還不如爆氣開外掛，當這些奇珍異獸碰上仙界神獸，即使是一般的牛，也會變身為難以撼動的奎牛和板角青牛。

除了物怪之外，在神魔對抗中的反派還有一類大宗，多是具備神通力量的修行者，姑且稱為惡神吧！這類惡神屬性雖以人為主，但與上述的物怪類似，心念不夠清淨，常常要求信眾供奉大量的財帛、飲食，而且最好是用全牲祭祀，甚至有時還要用女性或童男童女獻祭，因此祭祀費用高漲，導致民眾生活困難，所以才會成為被對治的對象。在中國傳統的理念中，神祇應該是造福百姓，怎麼會反而跟老百姓搶東西吃呢？所以小說中就常會出現更高階的修行者來懲治這些惡神，像《北遊記》中玄天上帝所收的三十六員天將中就有不少這類惡神，而最著名的大概就是薩守堅與王靈官：王靈官本為湘陰浮梁的地方神祇，因屢顯靈驗護佑百姓，當地百姓為感念其恩因此天天殺豬宰羊祭祀，薩

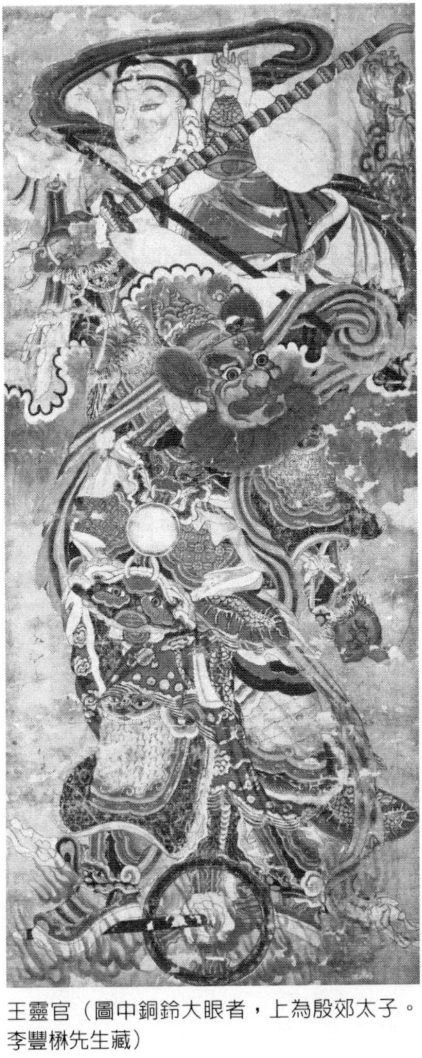
王靈官（圖中銅鈴大眼者，上為殷郊太子。李豐楙先生藏）

守堅路過時覺得百姓負擔過重，且犧牲過多，有違好生之德，所以引雷火焚廟。王靈官無廟可歸，一怒之下稟報玉皇上帝，玉帝即賜予金鞭，令其隨伺薩守堅身邊，若薩守堅犯戒，即可以金鞭懲治，但隨行十三年，薩守堅一無過失，王靈官乃拜伏其下，成為其弟子，獲封三五火車雷公、豁落靈官。但因曾遭雷火轟擊，個性剛正急怒，所以有著紅面赤髮、額開天目，一手持金鞭、一手比中指（其實是指訣）的特殊形象。

整體來說，神魔小說演繹的正是一部修行者的聖傳，外在的邪精惡鬼或是內在心性的魔考都是一種修行的試煉，不論是仙人、修行者或是物怪，都得克制自身的慾望、惡念，最終才能獲得正果，雖說在中國人的思維方式中，對物怪是比較不友善的，但只要肯皈道向善，都還是有成聖成佛的可能，正所謂「一念成佛（天堂），一念成魔（地獄），吃肉有害身體健康」。

⊙哪裡來的伏魔者？天師vs.茅山道士

在《同州白蛇》故事中，宰相請了張天師來降伏白蛇，這位張天師是龍虎山的第三十代天師張繼先，是道教創教祖師張道陵（祖天師）以下最具傳奇性的天師——他在九歲就繼承張天師之位，派遣關羽降伏了在山西解州鹽池作怪、由蚩尤所化的蛟龍，也預示北宋將要滅亡，在三十六歲時尸解成仙，隱遁於四川峨嵋山修道，之後也有人在青城山、羅浮山、武夷山等地見過他，啟棺一看，才發現棺內僅剩一隻鞋子。咦！這好像跟達摩祖師的傳說有點類似？其實「尸解」是相當中國式的概念，中國人認為某些修道者並非真的死亡，而是透過死亡遁世避難，所以肉體消亡只是外在表象，實際的精神是不死、脫竅而存的，一般性的死亡稱尸解、戰爭死亡的稱為兵解、落水而亡的稱為水解，像是屈原、伍子胥、王勃、李白等死亡都與水有關，就不只被認為水解，之後還被視為水仙崇祀，所以達摩祖師「隻履西歸」是個包裹著中國式觀念的佛教故事。而張繼先之後還現身傳授了道教西河派祖師薩守堅雷法、咒棗術與棕扇治病法，這三套法術分別祈雨驅邪、長生煉養、宗教醫療有關，涵括了民眾生活的幾個重要面向，再加上可以召喚甚至是責罰土地、城隍等神祇，使張天師成為中國法術的集大成者。從張繼先以下，龍虎山張天師的地位逐步提升，到了明代，更被敕封「永掌天下道教事」，張天師成為道教最具代表性的符號。不然道教的天師原意為「天地神師」，是溝通天上人間、執行考校鬼神的天帝使者，道教中有德有能皆可稱為天師，歷史上著名的有寇謙之、司馬承禎、葉法善等都被稱為天師，目前道教也以張道陵、葛玄、許遜、薩守堅（一說為浮丘公）為四大天師。

除了張天師，在許多電影小說中最有名的驅邪降魔者應該就是茅山道士，尤其在香港殭屍電影的風潮中，林正英（英叔）更成為了茅山道士的代表。可是道教中的茅山派卻不是這麼一回事，它並非以符籙見長。茅山源於西漢時茅盈、茅固、茅衷三真君結庵修行而得名，後因陶弘景隱居於此，並編整上清派經典《真誥》、《真靈位業圖》等，使茅山成為上清派中心，其所居的「華陽下館」後來也成為「崇禧萬壽宮」。不過，上清派的修煉方法主要是透過存思、行氣等精神修養達致形體永存，其內容與符籙、驅邪並無相關，也沒有類似天師道的房中術觀念，更無所謂的玉女喜神術。或許是因為唐宋時期皇室多尊茅山宗師，如司馬承禎、李含光、劉混康等，而許多著名文士也都與這些茅山宗師交往，所以茅山道士就像張天師一樣，成為一種「高道」的代表。而若就職能與服飾來論，電影中茅山道士的形象更接近宋代興起的法師（或稱法官），他們操持著地方性的驅邪法術，行走各地來幫大眾驅邪趕鬼、醫治邪疾，而服飾上也不用像道士般頭插金仰、穿著華麗的絳衣霞帔，而是類似電影裡的星冠、朱履、八卦袍，且這類地方法術也常宣稱他們的起源和權威來自神祕的靈山、閭山（廬山）、茆山，就此來說，茅山道士反而更像茆山道士。

⊙降魔法寶的秘密：解密法器的奧妙

在道教法術中最吸引目光的就是神奇的符咒，雖然我們現在常常連稱符咒，但「符」與「咒」是兩個概念，「符」是圖像、文字與神秘符號的結合，可說是圖像化的文字或文字化的圖像，偏屬文字；而「咒」則是密咒，是透過語音來呼召他界的力量，並驅遣他們執行相關的命令，像是最常見的「急急如律令」（即刻依照命令前去執行）。故事中的飛符或是電影中的焚符究竟有何作用呢？道教認為宇宙的根源是大道，諸天神祇都是清淨的道炁（先天炁）所化，而修行者最終的理想也是從具象的人到長生不死，再從不死脫離具象，最終匯入大道流行之中。這聽起來有些諷刺，修行最終的目的是由「（後天）氣」變成「（先天）炁」，而受籙過或是有修行的道士與法師，身上就有無形的、道炁所化的兵馬隨行，在書寫符文的過程中，就是

葛洪《抱朴子》中的老君入山符

將這些道炁灌注在符中，飛符或焚符就是驅遣符中的兵馬執行相關命令。與《同州白蛇》故事類似（白符、赤符、黄符），敦煌變文《葉淨能詩》葉淨能也分別出出黑符、朱符，以及最後用雄黃於二尺白布上書符，這三道符分別化為黑衣使者、朱衣使者以及金甲將軍，雖是具象化的表現符的作用，但也相當真切表現了道教符的作用與概念，而一開始的白符與黑符，大概就是墨書的符文，隨後以硃砂書寫，增強威力，最後則是透過具有攻擊性、對治性的雄黃。而在現實中的符，更不是草率隨意地拿筆亂畫，而是透過這些符文開啟與他界的連結，並加入宇宙天文來增強符的威力，像是七星劍上的北斗七星，當然最重要的是必須仰賴修行者的修為，將無形的道炁跟洪荒之力灌注符文之中，才能讓符產生最大的威力。而「咒」則是密咒，透過語言、語音來開啟與他界的連結，大體來說，道教中的咒有兩種：一種是可以理解的古體詩，像是流行最廣的金光神咒：

天地玄宗，萬炁本根，廣修萬劫，證吾神通。三界內外，惟吾獨尊，體有金光，覆映吾身。視之不見，聽之不聞，包羅天地，養育群生。受持萬遍，身有光明，三界侍衛，五帝司迎。萬神朝禮，役使雷霆，鬼妖喪膽，精怪亡形。內有霹靂，雷神隱名，洞慧交徹，五炁騰騰。
金光速現，覆護壇庭（真人）。

另一種則是受到佛教唐密影響的密咒（真言），有的是單純為密教的梵文真言，有的則是結合的傳統神咒與密教真言，在宋代以後流行的各式驅邪法術特別常見，像關羽元帥祕法中的「立降咒」為：

唵吽吽，吹啤呼風，亞叹尼丸，運留敕煞攝。
唵吽吽，廣施刀力，煞炁騰騰，與風至壇。關某疾降敕煞攝。

在行持中，符與咒須相互配合，有時還要配合腳的步罡與手的掐訣（罡咒符訣），所以小說中常常描述到，道士腳踏罡步、手捻指訣、口誦密咒，然後飛符除妖，透過這些程序的相互配合，讓神奇力量發揮到最高層次。

故事中除了飛符之外，天師還手持州印與玉印和白蛇對抗，這方玉印可能就是傳說中天師世家代代相傳、代表道教權威的「陽平治都功印」。在小說中，「印」是常見的法器，出現的頻率大概僅次於劍、刀等具攻擊性的武器。傳統中國，「印」具有身份與權力的象徵，公文書都要用印之後才能行文，不然就是偽造文書，在神魔世界也是如此，這條白蛇看來非常威，所以天師得結合世俗（州印）與宗教（玉印）權威才能壓制。在中國文化傳統，不論是官印或宗教之印都被認為具有辟邪除祟的力量，就像一些軍中鬼故事說的，用國徽可以嚇鬼，而小說中也常將印作為一種武器，像是《封神演義》中著名的廣成子番天印，或是呂岳的形天印（列瘟印）、羅宣的照天印等，只是現實中的「印」不大、且較為方正的外型，作為實體武器的攻擊力有限，由於形體上的限制，所以都得開外掛，透過外在神力的加持，讓這些印具有更強的攻擊威力。而與「印」相似的還有「令」，「令」同樣來自官僚系統，一說源於戰爭時的虎符，具有軍事的象徵作用。大家最熟悉的應該就是「五雷（號）令」或「天皇號令」，行法者持令可以驅遣眾多的神將天兵。但這些印和令不是單純的玉製、銅製或木製的器物而已，在道教中，這些印、令的取材都相當講究，多以雷驚木（被雷劈過的樹）、棗木、桃木製作，然後刻上相關的符文（有些印文就是符文），並在製作時添入各式法寶，以及存想神祇、兵馬進入其中，如此他們才具有神聖的威力。換句話說，它們也和符類似，以此來號召無形的兵馬去跟這些妖魔對抗，所以小說看似簡單的描述，「五雷令一下，一時

五雷號令

天皇號令

風起雲湧」，其實背後有很多辛苦的天兵天將在忙碌的工作。

早期道教法器中最有名的大概就是「劍」與「鏡」：在古代冶煉技術還未能精準的礦量和火候的情況下，劍在鑄造過程中就已被添入許多神秘的色彩，像是古代干將、莫邪以身殉劍，或是現今民間傳說的活人祭爐、人骨鍛劍等恐怖傳說，其實都是增加化學反應，讓劍的鐵質更為純粹。而宗教用途的寶劍，更會添上神秘符圖和宇宙天文以增加其威，像是七星劍就是劍身刻上北斗七星以納星斗之力來對神祕邪類，而且只有宇宙洪荒之力還不夠，為了增加便利性，還結合了法術思維而出現「飛劍」，只是飛劍的遙控線可能不是太長，呂洞賓一用就被黃龍禪師扣住了（見《呂洞賓飛劍斬黃龍》）。「鏡」也是自先秦以來就流傳的聖物，因製作材質與能鑑照萬物、反射事物本質的特質，所以也被視為具有神奇的力量。宗教的鏡上面也如劍一般，會加持符文、天文、吉祥紋飾甚至是文字等符號，但現代的鏡沒有添加這些東西也還是有同樣的效果，大概因為鬼怪都是半夜出來，在燈光晦暗之下看到自己，一時無法接受自己五色斑斕的容顏，所以「鏡」可算是最恐怖的法器吧！而道教中還有一項特殊的神器，可是因流傳不廣，因此少被提及，那就是六朝道教中的「元始神杖」，是將五方五帝真符依序納入竹杖之中而成神聖法器，所以當時的道士就像西方的大法師一樣，也會手持表示身份與權威的節杖行走天下，其中可以發現有趣的文化相似性。

道眼觀世界：閱讀也是一種修行

在傳統中國中，宗教與民眾生活、文學傳統都有密切的關係：遠古時期先人透過神話、祭歌來表達他們對世界的理解與崇敬；到佛教傳入、道教建立，甚至是西方天主教和基督教的傳入與民間教派的興盛，依著教義、傳授方式、神秘經驗等，創發了許許多多瑰麗的文學主題與想像，這些修真巡歷、西行取經、朝聖歷程或是救劫勸善等，又或是猿馬、龍虎、劍鏡、鉢杵等動物或法器，都開展了文學更豐富的創作與詮釋空間。道教文學在這一環節中，也展現了它獨特的魅力，只是因為道教常常充滿了神秘的色彩，在一些不理解中充斥著不少誤解，當我們走入這個神秘曲徑之中反而會處處驚逢生機，對許多文學作品也會有不同的想法。有人說金聖嘆腰斬《水滸》是不想看到英雄末路，但就道教眼光來看，這些水滸英雄本是魔星轉世，在神煞特質下，自是殺孽無數，只是這些殺孽卻是擔負著以殺止亂的天命，但在天道循環的角度下，他們也必須為這些殺孽付出代價，所以被殺、不得好死也只是剛好而已。雖說天地不仁，以萬物為芻狗，但拉開時空距離，我們反而可以能用一種更寬闊的視野反思人生、反思世界，就像遊仙文學一般，翱翔在空中的天帝之眼總是能多看到些不一樣的世界。閱讀有時也像一種修真巡歷，透過閱讀，我們經歷了翱翔仙境的歡暢、神魔鬥法的趣味，還有歷劫修真的種種試煉，在這之中開啟了無窮的想像與思考，而最後終是返歸自身心性，就像《紅樓夢》最後，一僧一道帶著寶玉走入風雪茫茫之中，我們也嘗試在這白茫茫的風雪之中尋找蘊含其中的無限生機！

玄儀特授
——近代四川地方道教中的全真科儀

蔣馥蓁

四川的全真道士

就整個中國的道教史來說，四川一直是相當重要的據點，許多重要的大事都發生在四川這塊魔幻的土地上。比如東漢末期正一道的創始者第一代天師張道陵，相傳就是在鶴鳴山建立了五斗米道，繼而到青城山修道直至仙逝；又或是老子西出函谷關前與尹喜作千日之約的青羊肆，後世自唐代起一直有建觀崇祀，到了今天便是成都的青羊宮。巴蜀之地歷來地靈人傑，不單在道教「洞天福地」中佔了不少的席次，歷來到四川修道的高道們更是不計其數，可說是道教聖地。

四川不僅是道教發祥地之一，四川人更常被稱為「好巫」的族群。這與川地居民偏好以各種超自然方式解決生活裡的大小疑難雜症很有關係。根據舊時留下的紀錄，當地從事巫覡相關的行業名目繁多，操作方式五花八門，且往往多數家庭中就有幾位成員懂得一些基本的法門，能自行施作簡單的禳避（又稱解禳，即祭祀、向神祈求解除災禍）厭勝（又稱厭魅、魘魅、魘鎮，即用法術詛咒害人）之術。然而在漫漫歷史中，創始於金元時期的全真教卻是到了清代才開始有道士來川地傳教的紀錄，但全真教很快在川地風行起來，在某些縣份，它的其影響力甚至被視為高過正一道。

全真教的特色是什麼呢？一般修道之士可分為「出家」與「火居」（在家）兩大類，目前我們常見的出家道士幾乎都是全真道士，他們在生活上遵守的規範較多，如住廟清修、茹素禁酒等，歷代的全真戒律對「常住威儀」（道士日常生活應當有的言行準則）都有詳細的要求。相較之下，火居道士則是可以葷食、結婚生子，是提供民眾齋醮、法事等相關服務為主的在家道士。「火居」有時又寫作「伙居」，呈現在家道士平時（齋醮之外）不避人間煙火、可以葷酒，且成家聚居與一般人無異的生活型態。

正統的全真道士是需要束髮出家的清修苦行之士，他們住觀修行、杜絕塵欲，不與雜俗聚居。他們宛如隔著一層神秘的面紗，常常給我們奇特的想像，像是來自武俠小說裡身負絕學的神秘道人，或是仙俠傳說中特立獨行的遊方奇士。

不過看似以清修為主的全真道士，是否也講究實務操作、具儀式性的科儀傳統呢？其實從史料傳說可見，遠從祖師王重陽開始，不少知名的全真道士都有主持科儀的紀錄，這些紀錄往往還夾帶不少靈驗神異的事蹟。祖師們受官方邀請登壇行道成為一種典範，讓此後部分全真道士也願意接受儀式，一直以來都有部分（比例不高）全真道士學習科儀。

科儀

所謂儀式包含的內容層次其實很豐富，比如民國以前必不可少的為皇帝祝壽，是全真叢林的重要任務，每日「晨香夕燈，朝參暮禮」的功課也是必須的；此外還有朔望日的雲集功課等。這裡主要討論的是晨昏望朔、經懺之外，視道士意願進一步學習的，需要登壇拜表、演法請事，為公眾或私人請託所行謝罪求福的齋醮法事。

四川地區的全真教信仰情形

至於全真教為何快速在四川發展起來，要從明末清初一連串的天災人禍說起。隨著張獻忠、大小金川等戰役殺伐，以及凶死疫病所導致的人口凋敝，川地住民大量消亡，最嚴重的地區甚至只有一成左右的人口存活。靠著清初強制人口移動政策「湖廣填四川」，才又逐漸充實人口。康熙初年，隔壁省分湖北武當山的全真道士陳清覺（一六六九—一七〇五），湖北武昌人，少年時得過進士，在武當山出家）與幾位道友進入四川，在當時百廢待興的成都府嘗試復興道教。陳清覺隨後得到巡撫張德地的信奉供養，捐資為他修建了「二仙菴」；此後更得到進一步的推舉，受到帝王榮寵，獲賜

「丹臺碧洞」御匾和詩文法器。這大大抬高了全真道在四川民眾心中的地位，陳便以「丹臺碧洞宗」（簡稱「碧洞宗」）為名立派，進一步開枝散葉，很快就在川地多處取得主要地位，許多宮廟成為全真的道廟、碧洞宗的子孫廟，川地多數的全真道士也都皈依在碧洞宗之下，直到今日仍是如此。

二仙菴

座落在成都西南郊城門外，名觀「青羊宮」的東側。是碧洞宗祖庭之一，中國西南地區唯一有傳戒資格的全真十方叢林；今已合併入「青羊宮」。青羊宮相傳是老子會見尹喜於青羊肆就地所建，自唐代起屢有修築，向來是大隱隱於市的神仙聚會之佳地。

青羊之約

相傳老子卸下周室史官「柱下吏」工作，將西行出函谷關時，被關令尹喜攔下，強留拜師請益。老子授予他宇宙天地變化的機理，留下了五千言而去，這便是《道德經》上下篇。又傳老子臨出關時與尹喜立了一個千日之約，當在青羊肆相見之時，老君在蓮臺上現法像、敷演道法，並拔擢尹喜為仙人。尹喜即「關尹子」，道教稱「文始真人」，因擅長望氣看到「紫氣東來」能預見聖人將至，成為「樓觀派」的祖師。

陳清覺當初與幾位師兄弟來到四川，雖各自傳下弟子，然而他們可能並未從武當山帶來特別的科儀傳統。要到全真第十四代、同時也是丹臺碧洞宗道士陳復慧（一七三四—一八〇二）的時候，川地的道教法事才開始再有活絡的現象。陳氏幼年失怙，少年便在漢州的老君觀出家，拜在道士毛來玉門下。毛師父在陳約莫二十歲的時候仙逝，此後他便離開老君觀，雲遊訪道，之後才到溫江蟠龍寺，據推測，也約莫是在這段期間，他開始編纂法事中使用的科本，集結成科儀叢集《廣成儀制》。這個工程相當浩大，直到目前他所留傳下的科本還超過三百部，內容常被譽為無所不包。關於他青壯年期的行蹤沒有留下多少紀錄或傳說見聞，但由於他的師門、師父也都不善於科儀，我們很有理由浮想聯翩，簡直像是仙俠小說，在一段神祕的人生時期，他獲得了不可多得的際遇良緣。當然所謂的大好際遇，不外乎結識了諸多不同省籍、門派背景的道士法師們，彼此交流往來，因為很受器重，獲得豐富的傳授，擴展了他的科儀法事能力。根據方志描述，由他主持的法事極具驗效，想來他除了造作科本內容具有良好的文學造詣，道法與術法修煉也有很高的成就。

時光流轉，來到高道陳復慧的時代，正好是大批移民入川後急於降低紛擾，謀求安頓共好的社會氣氛。與此呼應，川西不同來歷的移民很快地服膺科儀架構的新設定，想來是在陳復慧的規畫下，統整了行進的規律節次，並成功地結合不同背景的道士，使得全真與正一的道士都能共同遵循，讓新進入的四川移民可快速共用《廣成儀制》這套新的作法。不同背景的道士共同合作的好處是，能解決當時作法事人手不足的問題，彼此間合作支援，連帶使廣成傳統迅速擴展；此外，過度強調原鄉特質往往造成敵對械鬥，彼此都退讓一步的態度，有助於社會穩定，這點在宗教儀式之外也能看到成效。

一個地區內多數道士成員共同認定一種法事傳統，並不算是太稀有的現象；但若一併考量科本和盛行規模，陳復慧的貢獻是很了不起的成就。特別是自陳復慧以降兩百年，川西不論全真還是正一的道士仍廣泛地使用廣成科儀，至今不墜，是近代道教史中難得一見的盛況。

廣成科儀在川西成為科儀傳統。道教法事大至齋醮道場，小到民間生活遭遇的禳解厭勝，內容不但豐富且由來已久，其中重要的核心與內秘代代相沿，由於關乎靈驗與對傳承的尊重，不容任意更改。而所謂「廣成傳統」，指的主要是一套行持科儀中的節目架構，以及當中搭配的語言、道樂等，使這套作法形成一套明顯與其他不同的模式與風格。科本所提供的架構是外顯的節次指示，每位高功（道教齋醮科儀中，負責主要科事、秘法的道長，古稱「法師」，唐末以後稱「高功」）臨場的實際作為，展現全面向搭配的功夫，還是必須仰賴長時間紮實的學習，甚至不限於科儀的學習。陳復慧根據自身的學習與體悟，適當且合理地依據實際需要，參酌整合，拿捏與正統間的變與不變，讓科本呈現出統一次序的行動結構，使多數科儀看起來具有整體風格，令《廣成儀制》在架構設定與篇幅上，都構思完整，易於執行。一如其他傳統科本，科本的內容順序指示了作動、言說、唱詠等，然其中關鍵的精髓需要來自師徒傳承，經過如此縝密地流傳，才會成為傳統。

就像陳復慧創發了廣成儀制後很快流傳開來，陳清覺在清初把全真教引入四川，也在不長的時間裡便取得主導性。從清代到民國，川地的全真與正一道士人數約莫各半，各佔勝場；在宮觀數量、信徒人數及影響力上，都是此前絕無僅有的。川地的全真道士多是丹臺碧洞宗弟子。直到今天，川西知名的道教聖地，如青城山、青羊宮、鶴鳴山、老君山等其中的宮廟殿宇，還是由全真道士維持。

近代四川全真道士與科儀

在傳統全真的廟子裡，基本規矩仍是不為亡人作拔度白事。這裡是指不會在山門宮觀之內行白事，也少為個別亡人作單獨的超度法事。若是道士受聘外出為私人打齋，或是農曆七月份的中元節、大型法事安排下所作冥陽兩利中的普渡齋事，則不在規範之中。如此慣例至今還在川內全真的道廟內受到遵守。

川地的廣成儀制既是全真與正一兩種（以上的）道門傳統共用，在做法上不可免的有若干不同。壇場上最一目了然的差異，自然是不同門派道士服著威儀上的不同，其中又以全真道士必須束髮為髻，戴混元巾；而正一道士不蓄髮戴莊子巾，是很明顯的區別。當代的全真道士仍維持蓄長髮，盤髮髻於頭頂；正一道士則一般造型，沒有特別規範。直面神明的高功一至三位，因負有傳達情志的大任，要穿著絳衣法袍，這是專為登壇設計有精緻裝飾的華麗法服，會視不同情境身分穿著，並手持朝簡。法服的設計花式稍有地方差異，廣成科儀在這方面的區別不甚大。其餘兩旁或後場道士，僅著樸素的長道袍，顏色以黃或紅為多。另外，如高功行儀的手勢也是常見的外顯分辨。如當高功面對神位行禮作揖時，全真道士初以雙手合握朝版在胸前，接著躬身時要一手改抓朝版上端，反手下壓做出「壓朝版」行禮的姿勢；而正一道士則持朝版直接俯身作揖。

道樂表現上，一般認為宮觀內的音樂風格強調柔和典雅，動作氣氛偏向徐緩端莊；相較之下，民間火居的壇場，則可能偏好彈奏上明快響亮，重視場面的熱鬧。曲牌上，宮觀內會增加使用全真通用的「十方韻」，而火居道壇更多採用富含地方歌謠戲曲、川

共用科儀書

不同門派的道士使用同一套科儀書，到底是甚麼樣的概念呢？科儀書作為儀式進行的指示，最主要的重點是提綱挈領地將程序架構標註出來。以《廣成儀制》的編纂模式來說，順時進行中須使用的韻文唱詞、說白、請神神號等是科本的主要內容；其他關於段落、作動等提示，或到了某個段落應該誦何種咒，加作哪個秘訣種種，往往只是簡單暗示或根本隻字不提。所以一般都會說，只擁有科儀書是沒有辦法做法事，因為其中所收錄的重點大約只有全部知識的三四成。這點在所有道門傳承中都是如此，藉由將重點分次、分處傳授，避免珍貴的完整道法所傳非人。這也是科儀法事在實作上相當重視傳承的原因之一。回到由不同傳承道士們行持廣成法事的想像，在相同的骨架下，道士們可能會選用不同曲牌詠唱同一首贊文；可以根據傳承使用功能類似但實踐上稍異的手訣、步罡等，可以說是各自再豐富其血肉。在這些壇場上無傷大雅的小差異，可以饒富趣味地看到真實的傳承。

劇等色彩的「廣成韻」。兩者使用的道樂有不少重合，加上都使用四川官話，所謂的共用一套科儀傳統，指的不僅是全真道士和火居道士在川西都行使廣成科儀；更進一步，他們在很多情境下是可以合作的。

廣成科儀的使用

廣成科儀留傳超過三百部。這個龐大的數字，暗示了它所應對的情境有多豐富。從基本分類來說，先是以陰法事（「齋」）、陽法事（「醮」）來區別，約莫是各半左右的數目。陰法事方面不論是為私人／公眾，或初亡／拔度都有，也會有配合時節（如三元節、本命日等）、死因等專用的法事。並且規模可大可小，視齋主的誠心財力，可以有多樣安排。從內容性質來看，則不脫傳統黃籙齋的精神。

陽法事活潑多元，且分項細緻。廣成的道士們常常自豪地說，這套科儀無所不包，大抵由生到死所有人生困厄，都能夠找到相應的法事化解，說起來並不算吹噓。小從個人運途不順——是犯事求解禳，或是沖煞、沖犯星辰，家庭內懷疑受到累世冤結所累，打官司求清白，住家遭逢水火災厄等；健康方面關於小兒的痘診，老人宿疾、延壽，陰陽宅建設喬遷。公眾鄉里間定期舉辦的太平醮清醮，遭逢水旱災、蝗蟲、瘟疫，莫不能向「廣成」中尋求解方。配合歲時節氣的祈禳、神明壽誕成道日等等，也有專用的法事科本。除開當前大概已不再施行的如祛天花痘診，驅趕蝗蟲這類，已轉而求助現代科學的科目，多數法事就性質祈求來看，其實跟現代人的煩惱也很相似。上個世紀中國經歷不少動盪，宗教信仰活動也隨著遭受不少挫折。在四川廣成科儀始終維持著傳承，但在目前的活動上，不論是規模或可行的科目仍受到限制。

除了《廣成科儀》，陳復慧還留下了文檢集《雅宜集》一部。所謂的「文檢」就是道士行儀式時，上陳天地神祇的正式文書；體制上它是仿效古代官僚體制的公文書，所以在使用上不論是規格（紙張的顏色、大小、材質；相應製作的信封函式等等）、對象（對神祇的上下行、收發單位）、時間、供物信禮等都有詳細的規定。儀式中文檢出現頻繁，事前的準備非常繁瑣，在諸環節中宣讀表意（或不宣讀），然後焚化委由功曹官將遞送到相關機關宮闕。他的這部《雅宜集》同時作為文學作品集，以及搭配《廣成儀制》科儀法事臨壇撰寫文檢時的範本而存世。從其內容可以看到，當時人們曾經請過哪些的法事類型，並了解人們當時遭遇過哪些困難、他們擔心過哪些煩惱。

配合陳道士所處時代來想像，首先可以發現大量的廟宇在修復重建，所以有很多的募款啟示，也有對信眾招募香火「神明會」、發起行善、朝山等活動——這些活動紀錄通常伴隨著落成、朝覲科儀，不僅僅是反應史實。前面提過的地方清醮、水火醮事、保苗驅蟲的法事在不同地方都舉行過；為個人舉行過還願、釋病、求財、陰法事等。在將近兩百通的各色文檢與對聯敘引裡，除了少數可能是同一事件的系列文檢，多數情形都是獨立事件，背後的故事隱衷各有不同，也可以發現高功陳復慧使用不同的解法來作設想。另外，極有意思的是，除了常見的齋醮與很明顯是道教常見法事之外，我們甚至還發現了幾則他為和尚做法事的事宜，如為某位臨濟宗僧人圓寂作了煉度儀式，為僧人禳星厄等。可以看到帶有地方色彩的道教實踐紀錄，往往能更帶有彈性，不拘一格。

專門與廣成搭配的文檢不只一部，比如全真道士陳復烜所集《心香妙語》是差不多時間但又略晚出現的另一部作品。這套文集相對於雅宜可能又更鄉俚更看到庶民生活。其中大約有四分之一的篇幅與「薦亡」有關，彼此間的關係從一般常見人倫關係，到夫婦、甥舅、女婿，甚至是早產死亡的女嬰。祈晴祈雨禱雪、保蠶禳牛瘟、外出交通、經商求財、訴訟賭咒等，非常生動地反映老百姓的日常生活。此外，當然也跑不掉有大量神明崇奉、壽誕慶賀、禮斗等儀式。此類文檢集固然有個人文集的意思，但為了要作為範例性的參考書籍，在編輯上會為了使用方便作刪減，特別是關乎個資個案的內容。我們還是可以從剩餘的文字描述裡推測所使用的廣成科儀可能是哪部，也不難擴大想像，在當時信眾對廣成科儀的依賴，還有這套科儀書確實可以靈活地因應許許多多情境需求。

扎基人心的地方傳統

清末之後，中國各地無不奮力地「民智大開」。報章或名流對於道教的批評，換個角度想就等於承認著宗教活動依然興盛，或是多數民眾其實在心裡面並不是真正排拒著「迷信」活動。直到國民政府時期，甚至現在，四川的全真道始終保有一定影響力，道人也學習新時代入世的手法，取得民眾的認同。同時，在民間，科儀法事仍然受到重視，像是國民政府對日抗戰的艱苦時期，四川發生嚴重大乾旱，成都市的紳耆善士、慈善會等仍共同籌組「祈雨法筵」，在北城門立壇，結合佛教道教共同舉辦多日盛大的祈雨法會。當時道教方面主壇的代表人物，就是時二仙庵的退引老方丈王伏陽法師。其間不僅地方眾多名流文士前來捻香祝禱，還有文章大家代表來執筆撰寫疏文。同一時間市內的佛教寺院文殊院也同步糾集各大叢林僧眾誦經懺悔，進行祈雨法會。各縣市也都有類似地進行著。

總的來說，全真道士是講求出家清修的，不少道士不樂意與凡俗相接。相異於正一道士幾乎皆能作法事，全真道士對此的興趣顯得低落。然而行持法事作為宮廟內道人們「自養」的方式之一，就收入來說還是相當不錯的；所以雖然大型宮觀的道士多，有意

「丹臺碧洞」御匾，攝於青羊宮

於此的地方小廟有時更加積極。在成都二仙菴，清末民國初年時期菴裡的常住加掛單道士常保持有百人之譜，他們的收入主要來自功德捐獻、田產與店租（後者是歷來施贈予廟裡的恆產）。另外，菴前開設的店鋪、藥局醫館、印經處，以及經班法事，也都被當作是重要收入來源。

「經班」便是指能行科儀的道士們組成的班子，成員主要是廟宇內有意願的道士，依能力資歷承擔由高功到一般經師等等各種職位；每次行儀的人數與職掌，都是遵從住持或總責高功的調派。我們從二仙菴仍在使用的文檢集《歲時文》（當然還包括宮觀現行公告）中可以細數，在二仙菴裡擔任經師的工作量並不輕鬆。他們要應付一整年的歲時節慶（從年三十跨正旦的慶賀起，到歲末餞灶，其中重要的節氣以及節日等都有安

內壇行法

排），再加上宮廟內有供奉的諸多祖師神祇的聖誕，幾乎是每個月都會有大小不一的法事數場，甚至是大規模的「會」——神明聖會或是廟會——要舉行。接著，在此之外的空檔，才向外承接信眾所請的種種法事。根據一段民國初年道人的回憶，當時的經班子相當忙碌，幾乎天天都有法事需求，成員們經常地要背著裝滿經書法器的箱子外出。就因為承接法事太頻繁所以給人有收入豐厚的印象，在當時還給一般大眾留下了「二仙菴肥死人」這樣浮誇的說法。

自清代起四川地方的道教法事，不論全真或正一道士，大多能以基於科儀叢集《廣成儀制》而展開的科儀架構來行法事。宮廟內的全真道士承接法事，仍維持著傳統不接

步罡

受私人陰法事的請託，其餘的情況，則視信眾需求在豐富的科本中作出最符合情況的優秀選擇。因為在諸多操作上共享著相通知識，道士們彼此間的合作不但可能而且多

步罡踏斗

罡即是天罡，斗泛指天空中五方星斗的星辰。道士藉由循序踏出正確的步法來感應宇宙星辰，獲得神助。步罡踏斗的涵義與功能相當多樣，如道士以此存思宇宙星辰，可以巡遊九天、登仙闕謁聖、呈遞疏文，也可依此招遣神靈，達到禁治鬼神、消災破穢等諸般驗效。這個步驟在齋醮法事，甚至是祭煉數術中都會使用，是道士法師修習的基本功夫。

見，甚至少數與佛教、民間信仰活動都有互動。

直至今日，廣成科儀仍然在川地使用著。隨著民眾生活富裕穩定，轉向宗教力量尋求人生解方的信眾也多了起來。確實相較於舊時代的生活環境，人們關心祈求的內容起著改變，但心繫個人親友幸福的願望並無二致。代代相傳，川地的信眾仍然習慣於以這套傳統來為他們代言。

十里洋場的分岔路

——現代天師與仙學先驅的宗教人生

李志誠

一九四七年，第二次世界大戰雖然早已成為終局，但國共兩黨仍然在北方戰場激烈鑿戰。美國特使馬歇爾（一八八〇—一九五九）經歷一年多的努力，最終無功而返。決定中國命運的內戰之路，已經無可避免地愈走愈遠。在那被稱為「十里洋場」或「冒險家的樂園」的中國東方國際都市上海，雖然仍未被戰火波及，但全國的烽火硝煙，令到上海灘再亮麗繁華的景色也不免蒙上陰影。

這顯然對未來仍然是晦暗不明的一年，一眾道教領袖與信徒卻在此時迎來了「上海市道教會」的新生。儘管自民國誕生以來，一些新組成的道教會命運多是旋起旋滅，但這次「上海市道教會」的成立卻別具意義。它不但得到了第六十三代天師張恩溥（一八九四—一九六九）的支持，更是一個由正一、全真兩派道士聯合成立的地方道教組織。是年四月，上海市道教會出版了由致力弘揚仙學的陳攖寧（一八八〇—一九六九）先生擬稿的《復興道教計劃書》。該文稿對當代道教的未來發展提出了九條大綱，包括道教講經壇、道學研究院、道教月報社、道教圖書館、道書流通處、道教救濟會、道功修養院、道士農林化、科儀模範班。這一切，都似乎為這個在近代飽受攻擊與誤解的中國本土宗教帶來了新氣象。

現在我們認識「張天師」，不少人可能是源於民間傳說與影視媒體的創作，視天師為精於驅妖治邪的道教人物。事實上，自祖天師張道陵在東漢創立天師道，這個道教世家已經延綿了上千年的法統傳承，成為繼孔子世家後另一為歷代帝王統治者尊崇的家系。隨著漢末以來數百年間的治亂興衰，張天師的教團亦輾轉由蜀地、中原來到現今的江西省龍虎山。宋代以來，歷代張天師地位日崇。不僅多次得到帝王的敕封，更主領三山符籙，掌管江南道教事。正一道士所領受的身份與位階憑證——「籙」，也是以天師經營的嗣漢天師府為權威。張天師在帝國時代的政治與道教處境都享有非比尋常的威望，並非一般高道可比。

這位傳承古老法脈的天師，何以會現身於上海這個現代化的都會，而非在祖庭龍虎山中？

年幼時的張恩溥如同他的祖父輩一樣，也是在龍虎山成長。但現在已屆中年的他，對上海這座國際都市並不陌生。作為第六十二代天師張元旭（一八六二—一九二五）的長子，他在一九一六年獲得「應襲」頭銜成為天師的繼承者，並在一九二四年於江西省立法政專門學校法學畢業。翌年，張元旭天師在上海羽化，張恩溥即在當年於上海接受由延真觀道士主持的襲職儀式正式就任天師。可是相較於歷朝帝王尊崇張天師為宗教榮譽與權威，在中華民國的共和時代，這樣的景象已不復現。天師所承繼千年以上的道教法統，在這充滿革命熱情的時代成為舊世界的標籤。等待著年青張天師的是來自政治的打壓以及世人對道教的質疑。一九二六年末，國民黨江西省政務委員會取消了張天師的名號，該省黨部更在公文中批評張天師為「襲專制時代君主之封爵，假借道術，邪說惑眾，阻礙民智，影響社會進行甚鉅」。及後江西省政府更派員查抄張天師的家產，使他被迫前往上海避禍。

道教在傳統與現代間的困境

千年以來受到歷代尊崇的張天師，為何會在這時遭逢如此深刻的政治打壓？民國初期的中國正處於一個社會思潮風雲色變的時代。從晚清以來數十年間被外國列強欺侮侵凌，腐蝕的不單是政治上的國體與民族尊嚴，更關鍵的是對中國傳統文化的否定和抨擊。舊有的社會體制和宗教文化成為國族失敗衰落的代罪羔羊。不同立場的知識份子對傳統各有堅持與質疑。五四運動以來的中國，「科學」成為建構知識體系的主流核心價值，而科學的實證方法便是解釋一切自然事物現象的正確手段。凡是與科學原則相違背的往往會被視為「迷信」，「反迷信」與「風俗改良」成為當時大行其道的救國救民之路。

道教作為在中國本土繁衍千年的宗教，以儀式法術及修真鍊養為核心。這些在當時難以被科學驗證的宗教實踐，彷彿背負了歷史原罪，無可避免地受到無情的撻伐。

南京國民政府內政部在一九二八年十月頒布了《神祠存廢標準》，當中雖然規定道教的神祠屬於可以保存的範疇，卻在描述初代天師張道陵時稱他「以符水禁咒之法愚民」。該文件同時指：凡信仰道教的人，應服膺老子《道德經》。但以服餌修煉（服食餌藥，以作神仙修煉）或符籙禁咒蠱世惑人，應一律禁止。《標準》的奇特之處，在於認同道教的經典價值，但同時全盤否定由此衍生的宗教修行與實踐，把一個宗教本有的完整系統割裂得支離破碎。更甚者，道教竟然在《標準》中被指為明清以降與武裝起義有關的民間教門源起。政權從歷史上對道教的不同認知，導致道教成為政治的犧牲品。對道教有所不滿的，還有當時站在社會思潮前沿的知識份子。著名思想家梁啟超（一八七三——一九二九）在其著作《中國歷史研究法補編》對道教的評價就極為辛辣，直言「做中國史把道教敘述上去，可以說是大羞恥」。近代道教的悲劇，可謂受到政權與知識份子在國家及地方社會層面的雙重打壓。不過，民國初年也並非完全沒有欣賞道教價值的學者。歷史學家陳寅恪（一八九〇——一九六九）在〈天師道與濱海地域之關係〉中指出，道教「尚能注意人與物之關係。較之佛教，實為近於常識人情之宗教」。

對道教在中國傳統醫學的貢獻、人情的通達與及對中國本位文化的貢獻予以肯定。

當代張天師際遇的跌宕起伏

政府與知識份子縱然對道教有所質疑排斥，但張天師千年以來植根於民眾的信仰基礎仍然存在。他的動向在當時往往成為報刊雜誌的報導話題。一九二六年，襲職天師之位已有一年的張恩溥受到當時盤據華中的軍閥吳佩孚（一八七四—一九三九）邀請，前往漢口主持儀式追薦年來死亡將士。總部設立在上海的著名報紙《申報》在五月六日就以〈張天師蒞漢之盛況〉為題報導張恩溥抵達漢口廣受各界歡迎的情景。當時歡迎代表共一百餘人，天師由軍樂連、護衛隊大刀隊、武裝兵士、保安隊手槍隊等武裝力量保護照料。除了廣大的迎接排場，張恩溥到了漢口後，出入乘八人大轎，前有高腳燈、迴避牌，每一進出，必前後擁擠，為之塞途。張天師在民間多被視為精於法術者。這次前來漢口，亦不免引起玄怪奇談之說。《申報》六月七日就刊登了一篇題為〈大帥與天師之今昔〉的文章，內容相當生動奇趣。言「天師有掌心雷、隱身法二技。掌心雷用以繫人，隱身法用以自衛」。甚至傳言這次邀請天師的真正目的，是吳大帥希望張恩溥能親授秘法效命疆場。這些流言蜚語在當時固然是怪誕奇聞，現在看來也不禁引人莞爾。但張天師在民間被認為是道法精湛的超然人物，確實容易引起無限想像。天師名聲在外，即使在當世大不如前，亦曾受邀為國事解憂。一九二六年，中國各派系軍閥仍然混戰不息。上海五省和平祈禱會籌備處邀請張恩溥率法師到上海啟建醮壇，以使戾氣潛消，劫運不復。不過當年年底張天師被國民政府取消封號，他面臨更巨大的政治壓力。然而此時民間也有聲援張恩溥的呼籲。例如江西旅滬工商聯合會就曾為取消封號一事向江西省政務委員會通電，云「張天師世襲天爵，已六十三代。於國有功，於民無過。況且信教自由，載在約法，政府有保護之責」。

民眾的崇信是宗教在危難之中最堅實的庇護。但在這個思潮激盪的革命世代，堅持古老的傳承並非易事。面對時代的挑戰，張恩溥在上海仍然秉持正一天師的職責，以科儀闡揚道教。一九三零年代張恩溥於上海寓居期間曾多次主持儀式活動，包括一九三二年八月在上海榮記大世界主持為時三日的羅天大醮。又在一九三四年七月，與當時中國佛教的名僧及改革者太虛法師（一八九〇—一九四七）在清涼寺共同舉行「全國各省市亢旱成災區祈雨消災大會」。他更與上海的社會名流保持密切的接觸，一些名人的度亡儀式皆由張恩溥主持。例如一九三一年上海猶太裔房地產大亨哈同（Silas Aaron Hardoon，一八五一—一九三一）逝世，天師為他設道場三日。《申報》的經營者史量才（一八八〇—一九三四）身故後的度亡儀式，也是由張恩溥親自在其宅邸內施行。張天師不單受到宗教界與社會賢達的注意，甚至連上海著名江湖人士杜月笙（一八八八—一九五一）也與天師有所交往。杜氏本是上海租界青幫名人，後又創立自己的幫會「恆社」。他與國民黨及蔣介石（一八八七—一九七五）有著良好的關係，是橫跨政商界與黑白二道的風雲人物。杜月笙在浦東高橋的家祠落成時，張恩溥在外地未及趕到。天師事後在杜氏家祠中補作九天道場，他本人每天親自登壇，與四名法官及百多名道士連日行儀，為一時盛況。儘管天師在此時失落政治上的榮譽，仍有地方軍閥與幫會首領與之往還。離開龍虎山祖庭的張恩溥，也可以在當時中國最現代化的上海都會安身立命。

不過，部份強調科學、反迷信的社會輿論對張天師並不寬容。例如一九三三年張恩溥曾到杭州祈禱和平，但卻被人在報刊《晨光》上撰文暗加諷刺，指天師主持的儀式是迷惑人心的舉動。群眾的立場總是複雜多變而難以預料。張天師在這看似逐漸除魅的時代，一方面受到尊重傳統的士紳崇敬，另一方面亦遭受當時推崇科學主義的知識份子視為落後與迷信的代表人物。為了維護道教傳統並爭取政權的承認，張恩溥曾經要求國民政府頒給印信以維道統，但在一九三五年被駁回。經歷了二十多年的共和時代，中國帝政千多年來對道教的官方尊崇傳統已然斷絕而無可復返。

當中日戰爭全面爆發後，張恩溥回到江西龍虎山上。抗戰勝利後，他於一九四六年再次回到居住多年的上海，並為籌組全國性的道教總會「中國道教會」努力奔走。《申報》記者曾經藉此機緣訪問張恩溥，問他有沒有捉妖的法力。天師當時表示捉妖一說在龍虎山上確實有許多事實，但科學畢竟不能證明捉妖，故在科學昌明的今日，他也無庸聲辯，不過道教始終是有正無邪、有益無害的真理與學說。這則報導可見民眾對天師的形象始終緊扣在驅妖治邪，但張恩溥在這時也豁然明瞭法術與科學乃截然不同的體系。與其辯駁，他更希望世人明白道教的本質同樣可以是被人認同的真理與學說。

一九四七年是國共內戰白熱化的階段，希望和平建國的民間呼聲甚為熱烈。當時中國不同宗教的領袖都希望集合力量，組成以實現和平致力建設為宗旨的「中國宗教徒和平建國大同盟」。張恩溥當時也是這個同盟的成員，也聯同署名作出宣言。該宣言指出「若不集結各教系人士共同呼籲和平，改變此政治上之危險傾向。不僅人類繁榮康樂之遠景，成為海市蜃樓。即各宗教之救世目的，亦永遠無由到達。」並同時號召國共兩黨合作。然而歷史的遺憾是「中國道教會」的組成最終無以為繼，兩黨的內戰亦非民間的和平願景可以平息。

現代修真的先驅：陳攖寧與仙學濟世的宏願

如果張恩溥因為繼承了千年歷史的天師職位，難以避免地在大眾認知中蒙上一層神秘色彩；那陳攖寧則是致力將道教修行由現代難以理解的神秘，轉化為世人皆可明瞭的知識的積極倡導者。他另闢蹊徑，將傳統道教的養生與煉丹功夫和現代的科學知識結合，以「仙學」之名開創出道教發展的新路向。與張恩溥需要背負的沉重歷史包袱不同，陳攖寧的宗教人生可謂更自主。他求道的開端，正是由自身的拯救開始。

陳攖寧出生在安徽安慶一個儒生家庭，父親以教書為職業。受父輩的影響，從小就受家庭私塾教育學習儒家經典，與道教的初次結緣也來自書中。他自十歲起即陸續閱讀《神仙傳》、《玄要篇》及《地元真訣》等古代神仙傳記及內丹文獻著作，萌生了學仙的念頭。但由於陳氏出生在傳統的士人家庭，父親仍然期望他考取功名走上讀書人的道路。因此他閱讀神仙及修煉典籍時都是偷偷進行，不敢讓長輩知悉。十五歲時，陳攖寧在鄉試考上秀才。努力看似得到回報，但勤奮的讀書生活換來的卻是虛弱不堪的身體。陳氏晚年回憶自己當時所得之病為童子癆（中醫指兒童所患的肺結核病或其他慢性疾病所引起的虛弱症），醫生也說無藥可治。他當時讀書之苦，不單要多讀多記，又要背誦。不分晝夜用功學習，無假期亦無運動，腦筋不停運用而飲食又缺乏營養，因此熬出病來。得病之後，父親不敢再要他讀書。他遂改學中醫，希望從古代醫書中找出一個治療童子癆的方法。但陳攖寧隨叔祖父學習中醫的數年間，看遍醫書都未能尋找出對治良方。偶然間看到一本醫書談到仙學修養的方法，使他的興趣油然而生。年青的陳攖寧起初按照書中之法試做但毫無效驗，使他頗覺灰心。他對當時自己的生命已感絕望，抱著除此之外別無良法的念頭繼續練習。後來身體果然漸漸好轉，生命也得以保全。對陳攖寧而言這是他平生研究仙學修養法的起點。在二十歲起，除了研究中醫學理及仙學修煉外，陳攖寧開始涉獵各種西方知識的科學書。他的兄長平日研究物理、化學與數學，陳氏的普通科學知識也是請教兄長得來。但其兄因勤學過度，在三十多歲時得吐血症而亡。《莊子．養生主》「以有涯隨無涯，殆已」的警世名言，在陳攖寧的年青生命中不斷以悲劇形式上演。兄長英年早逝，亦使到陳攖寧對專門科學書不敢再用心研究。後來他雖然考入安徽高等學堂，但不久即因舊病復發而半途退學，未能畢業。

《道德經》云：「為學日益，為道日損」。知識的學習與做學問是日益增進，但修道則是與之相反，要將凡俗的欲求與積習每日逐步去除丟掉。陳攖寧的少年人生歷程恰好印證了「為學」與「為道」的矛盾。他知道之前所學的修煉方法尚不足以完全應治舊病。為了再求進步，他在二十八歲時毅然離開家庭周遊中國各處訪尋指點。他先是尋訪佛教中有名的高僧，但發覺佛教的修養法都偏重心性，對於身體仍無方法，未能達到去病延齡的目的。然後他轉而尋訪道教中人，但所到之處要麼是香火地方沒有修煉之士，不然就是有修養之人所曉得的方法還不如他自己。因此他下定決心研讀《道藏》，自學自救。一九一二年，他前往上海與行醫的姊夫同住，並在往後的三年間在上海白雲觀將明正統年間（一四三六—一四四九）刊行的《道藏》讀了一遍。後來他前往杭州及北京，一九一六年再次回到上海定居。

返抵上海後，陳攖寧與任職西醫的妻子吳彝珠同住。吳女士自設診所執業，陳攖寧則協助她照顧生活一切瑣事，自此展開了在上海寓居二十年的生活，其間曾出門遊歷九江廬山、北京西山、徽州黃山等地修行。這段日子也是他筆耕不絕，投入大量精力在報刊平台宣揚仙學理念的黃金時期。當時（一九三〇年代）著名的上海善書出版局翼化堂積極出版各類仙道刊物，包括《揚善半月刊》、《仙道月報》及多種與仙學修煉相關的叢書及典籍，陳攖寧曾經在書信中表示他的學說大半都散見於《揚善半月刊》。一般民眾多認為神仙之學艱澀難懂，甚或在科學主義的思潮下視之為荒誕傳奇。陳攖寧卻希望通過公開流傳的報刊平台，向大眾介紹仙學修煉的知識。在他而言，仙學首重長生。

實踐即為煉丹術，有外丹與內丹兩種方法。陳氏在仙學的發揚明顯是繼承古代道教的修煉傳統。因此他在報刊上解說的修煉內容，包括了男性與女性的丹功方法、提倡性命雙修，也有對傳統內丹著作的按語評論。他在刊物以文字作公共傳道，接受公眾人士的來函提問，並予以公開的解答。其受歡迎程度甚至有讀者們來函詢問能否拜他為師，但這些請求都被他謙虛地婉拒。《揚善半月刊》的來函讀者包括釋道中人與平常百姓，陳攖寧都一一對問題作出十分誠懇的回覆。例如在一九三五年有一封上海南車站張家弄的王君來信，問及陳氏本人的門派輩份。他慷慨答覆自己正式的導師前後共有五位，因此不能說是專屬於哪一派。但若論到全真龍門派的身份，則屬於第十九代的「圓」字派。他這種大方分享私人背景的言論，足見對弘揚仙學的真摯熱誠。據陳氏晚年回憶所言，其妻在一九三五年患上乳癌，他教導妻子修養之法以延長壽命。吳女士修煉之後大有效驗，增加了陳攖寧在仙學上的信仰。凡是在報刊上人家寄來的種種複雜問題，他都會詳細回覆。究其原因，是他希望將自己由《道藏》所研究出來的高深修煉方法讓群眾知悉，不願矜為獨得；另一方面他毫不隱藏地將信稿連問題公開發表，也是為了破除古代保守的舊思想。古代修真之法多以隱喻象徵書寫，師徒相傳的教授亦多秘而不宣諸於外人。陳氏將仙學修煉視作一門應用學問，作公開研討，一改古代修真傳統，也可見他渴望修仙法門能普而廣之的心願。

在那個重視科學精神與戰爭不絕的大時代，陳攖寧努力弘揚古老傳統的長生之學，看似步時代之逆流。但他對仙學的強烈信念，卻是建基於認為仙學存續的時代價值具有超越科學的意義。一九三六年，他回覆北平楊少臣君的書信中明言：「因希望肉體證得之神通，消滅科學戰爭之利器。不得不注重實驗，謝絕空談。只講物質變化，不講心性玄言。」可見陳攖寧對仙學的追求不是為了做「自了漢」，而是希望以長生之體證能切實回應科學世代所帶來的質疑。此外，他也致力區分仙學與迷信。一九三七年的〈與朱昌亞醫師論仙學書〉，他曾剖白道：「其實我絲毫沒有迷信。惟認定仙學可以補救人生之缺憾，其能力高出世間一切科學之上。凡普通科學所不能解決之問題，仙學皆足以解決之。」他抱持這種欲以仙學與科學一爭長短的志向，甚至曾經視仙學為獨立於宗教的體系，並且連帶視道教為文化救國的力量。他寫於一九三六年的〈論《四庫提要》不識道家學術的全體〉一文深有感懷地說：「吾人今日談及道教，必須遠溯黃老，兼綜百家。確認道教為中華民族精神之所寄託，切不可妄自菲薄，毀我珠玉而誇人瓦礫。」當時中國處於風雨飄搖的時代，陳攖寧的陳辭將道教興衰與民族國家的文化存亡並舉。他對仙學的追尋，是帶有現世危機意識的文化使命。縱然他曾經認為神仙學術與宗教性質不同，因前者只講生前、不講死後、貴在實證、全賴自力。但由於仙學和道教常結不解之緣，道教中人成仙者亦不少，他視研究仙學者與道教徒合作為有利於修煉的選擇。這種審時度勢的抉擇，相信也是促使他分別在一九三六年及一九四七年撰寫〈中華全國道教會緣起〉及《復興道教計劃書》的原動力。在二次大戰結束後，身處上海的陳攖寧已經是支持道教復興的中堅份子。

唯道是從

然而，在一九四七年這個歷史轉折的時刻，張恩溥與陳攖寧也許都沒有預料到在兩年後他們就會因為國共分治而分隔於海峽兩岸，並在時勢運化之下各自當上了兩岸道教界的領袖。一九四九年共軍開始渡江南下，張恩溥在五月最後一次離開故鄉龍虎山南下，經由廣東、澳門到達香港。其間亦有為地方的正一道士授籙，最後在年底來到臺灣。國民政府對於抵臺後的張天師與在大陸時期的態度截然不同。踞守一隅的國民政府需要延續中華正統合法性的傳統力量。張天師所代表的道教法統在大陸時是封建迷信的標誌，但在遷臺後卻是凝聚政權向心力的重要支柱。考慮到張天師在道教的地位與象徵意義，國府內政部每月撥付補助金，資助張恩溥個人及嗣漢天師府的開銷。張恩溥在大陸就一直希望創設涵蓋全國的道教總會，來臺後也致力團結島內不同派系的道教領袖。一九五一年，他聯合全臺各地的資深道士成立「台灣省道教會」，並出任首屆理事長。儘管國府當時的有效統轄範圍並不包括大陸，臺灣省道教會在實質上已能作為當時全國性的道教團體。但在六十年代中期出於宗教統戰的需要，內政部核准了一個全國性道教組織的創設。一九六六年，「中華民國道教會」開始組織，在兩年後正式成立，由張恩溥出任首屆理事長，可謂切實踏出了他多年來意欲團結道教的重要一步。

來臺後的張恩溥身負天師的名譽地位，不能免的需要參與具政治意味的官方統戰活動。例如在中央廣播電台向大陸進行空中說法廣播，或為政治人物與事件主持祈福或追薦法會。但同時，他也在臺灣南北奔走，去各地宮廟道壇及主持儀式。張恩溥晚年也曾出國宣教，擴展海外道教事業。一九六四年，他以五個月的時間訪問馬來西亞及新加坡等地，在當地進行道教文化演講、聯誼活動並為該地的正一道士授籙。一九六九年，張恩溥再率府內法師訪問菲律賓，但在返臺數個月後便羽化仙逝，結束了豐富但飄泊不斷的一生。

張恩溥的天師歲月長達四十多年，在這近半個世紀，他與千萬中國人一同經歷了由傳統走向現代的動盪歷程。人們對神明與自然的敬畏，逐漸被科學價值所取代；聖賢經典淪為知識，甚或被視為落後迷信的根源，這一切都扭轉了整代人對道教的認知與觀感。張恩溥不僅沒有國家的庇蔭，更處於核心價值急劇轉移的時代洪流。傳統宗教權威的崩解、因戰亂被迫離開龍虎山、知識份子反迷信的狂熱，張恩溥一生不曾如歷代天師般擁有天時、地利、人和。但在這處處紛亂的十字路口，他還是堅守了家族傳承的千年道統邁步向前。縱使輾轉各地，仍不忘天師本色。如果天師在過去是道教莊嚴神秘的象徵，那張恩溥就是離開這神聖的帷幕，「走進日常」的天師第一人。

另一方面，在國共內戰之後，留在大陸的陳攖寧出於興趣繼續為人講解文、史、哲、仙學及中醫知識與典籍，據他自述，實際上等於是家庭教師。基於對古代學術及道教典籍的研究，一九五三年他獲聘為浙江省文史館館員。同年，陳攖寧暫居杭州並接受中醫師胡海牙（一九一四—二〇一三）的供養，並向胡氏教授各種仙學及中醫經籍，兩人逐漸成為關係密切的師徒。一九五七年，中華人民共和國成立了第一個全國性道教組織「中國道教協會」。由於陳攖寧過去在道教界的深厚資歷，他獲選為首屆中國道教協會的副會長兼秘書長，並在一九六一年接任會長一職。當時他已經是八十一歲的長者。過去大半生陳氏一直以個人的志趣弘揚仙學，並未踏入建制領域。但在此刻道教需要領導者的時候，他仍然在暮年挺身而出。

成為會長的陳攖寧繼續在政治環境日趨強烈的氛圍努力推動道教的復興，在任內成立中國道教協會研究室並出任主任，在數年間研究室出版了多種有關道教典籍的考證及歷史整理著作。一九六二年，陳攖寧亦成立「道教徒進修班」，以培養專門的青年道教學術及管理人才為目的。這不只開創了當代中國道教常規教育機關的先河，更難能可貴地意識到嶄新的人才對未來道教發展的意義。對於道教的未來，陳氏在一九六二年的一次政協全國委員會會議上發言道：「目前道教人士所最關切的問題，不在宗教生活的外表形式，而在優良傳統的學術精神。很想繼續把它發揚光大，為人民長壽健康作出一定的貢獻。」這句話不僅貫徹他一直以來注重仙學實踐的觀點，也可以看出他渴望傳承古代道教智慧的赤誠之心。但歷史轉折往往弄人，數年後文化大革命的出現令一切發展戛然而止，隨之而來是更為難以想像的浩劫。同樣在一九六九年，陳攖寧懷著他復興道教的理想仙逝。

回顧一生，張恩溥無疑經歷了其祖輩千年來難以得見的波瀾壯闊時代。漢代佛教傳入中國後雖然與道教互有競爭，但經歷數百年的交流與融和，佛道二教最後仍然能夠和諧共處。但西學東漸以來的科學與理性概念完全顛覆了現代中國人對道教的觀感，甚至令我們對累積沉澱逾千年的傳統價值產生全盤質疑與否定。現代道士面對的不再是能夠輕易信奉自身宗教信仰的交流者。在完全迥異的價值體系下，他們在公共領域遭遇到前所未有的對立，並失去了歷朝世代曾經享有的尊崇。充份認識到現代思潮不可逆轉的陳攖寧則以仙學為核心，決意走在科學的平衡線上證道，努力發掘與現代相適應的價值。同為現代道教的傳承者，張恩溥與陳攖寧的弘道之路可謂相反相成，體現了道教的古老傳統如何在現代價值的挑戰下努力求存。如果張恩溥是在傳統傳承的道路上貫徹始終，那陳攖寧就是運用道教修行實踐接合現代價值的公共弘道先行者。

一代天師與仙學提倡者當年在上海的宏圖，也許終其一生亦未竟全功。時至今日，他們當年在艱難時刻努力保存的遺產，仍然能夠讓我們在得來不易的和平歲月裡仔細回味。現代道教的傳承儘管充滿悲歡離合，每個道士都在自己的命運做出了選擇。過去如是，現在亦如是。離張恩溥和陳攖寧仙逝已有半個世紀，道教也已在全國各地得到復興，甚至開始由海內外的華人社會走向國際。回顧道教在當代變革與延續的種種嘗試，他們努力的方向有多少被繼承、又有多少成果被繼續發揚呢？

流沙退卻後的古韻風流

——道教在敦煌

張鵬

時光的鏡頭迴轉到百年之前，當時的中國遍地狼煙、烽火四起，列強侵門踏戶，在火與血的淬煉中，衰老的中國正走在歷史的十字路口。眼見深重的民族與邊疆危機當頭，有志革新的中國人開始把不合時宜的傳統經學拋諸腦後，研究起西北史地之學。而此時西方學者在殖民主義及新東方學研究的指引下，掀起了對中亞以及中國西北的考古熱。英、法、德、俄等國的探險家蜂擁而來，踏上這片古老、荒涼又神秘的西部邊疆。

一九〇〇年敦煌藏經洞的發現，開啟了千年前人類文明的寶庫，各國探險家紛至沓來，中國國寶也因之流散至世界各地。敦煌學，這個世界學術的新潮流，也因這一段屈辱的歷史，成為老生常談的「吾國學術之傷心史也」。然而，揭開二十世紀學術潮流的，還要從一個道士說起。

道士、探險家與學術傷心史

王道士，這個紅遍了全世界，二十世紀最著名的道士，他的名字究竟是「王園祿」、「王圓箓」還是「王法真」？我們卻不得而知。根據墓誌，王道士，湖北麻城人，出生在清道光三十年（一八五〇），死於民國二十年（一九三一），活了八十多歲。年輕時，因老家麻城連年荒旱，不得已背井離鄉，四處逃荒要飯。路上歷盡艱辛磨難，於是萌發了出家的念頭。他逃到甘肅酒泉，先在肅州巡防軍中當了一名士兵，當然沒有所謂的保家衛國的志向，僅僅是混口飯吃罷了，因此沒過多久便告別了軍旅生涯。退伍之後，王道士有幸遇到改變他一生的人物，一位名叫「盛道」的道士。從此，蓄髮出家拜盛道為師，開始了雲遊修道的人生。在命運的指引下來到了敦煌，他卸下沉重的行囊，登上三危山，遠遠望見荒漠之中、夕陽西下而熠熠發光的千佛洞，感慨道：「西方極樂世界，其在斯乎？」於是當下便做出決定，不再四處雲遊，就地住下。他來到莫高窟荒廢已久的下寺，裡裡外外認真打掃一遍後，便住了下來。

王道士

王道士安住之後，便開始宗教服務。可能因為道教是民族宗教，又或者王道士的服務品質較好，沒過多久，他的香火經營就遠超過在上、中兩寺的喇嘛教。生活寬綽的王道士，開始考慮重修擴建道觀。首先他看上的就是下寺對面、後來編號第十六窟的洞窟，打算把它改建成靈官洞。這個洞窟荒廢了不知多少歲月，窟內甬道堆滿了積沙，他僱了幾個夥計清掃。積沙清掃完畢之後，又僱了一個姓楊的夥計為他抄寫道經，楊某抄經之餘，習慣抽旱煙，用芨芨草點火，點完火的餘草就插到甬道壁的裂縫之中。有一次餘草很長，楊某依然插入縫中，突然意識到壁後好像深不可止，於是用手輕敲甬壁，聲音中空，楊某斷定壁後還有空間，告訴了王道士。王道士是個機敏謹慎之人，當時並沒有聲張，決定晚上一探究竟。

一九〇〇年六月二十二日這晚，王道士與楊某擊破甬壁，壁後果然出現一小門，其高不過一人，用泥塊封塞。清除泥塊之後，發現丈餘小洞之中，充塞著大大小小的白布包裹，每個白布包裹經書十餘卷，還有佛幀繡像平鋪包裹之下，這就是震驚中外的藏經洞。

藏經洞發現後，王道士興奮地邀請敦煌城中士紳觀看，可惜他們並不知道這些經卷的價值，並囑咐王道士把經卷放還窟中。王道士很是不屑，認為這些經卷極有價值，打算拿給識貨的人看，或許可以順便撈到一些好處。於是他私載經卷一箱，獻於當時安肅道道台廷棟，廷棟看了經卷，竟然認為經卷書法不如自己，留了數件便打發王道士回去了。王道士悻悻而歸，但他留下的這幾卷經書幾經輾轉，先是被廷棟作為禮物送給比利時的一位稅務官，稅務官路過新疆，又將這幾卷經書轉送給長庚和潘道台，這就是敦煌卷子的早期流散。

從一九〇〇年到一九〇七年，經王道士之手，陸陸續續送出去的敦煌卷子不少，其中大多是學術價值與藝術價值很高的寫本與絹畫。遺憾的是，早期這些流散的敦煌卷子沒能引起中國學者的注意。而此時正在新疆進行「考古」的匈牙利人斯坦因則在同鄉的建議下，於一九〇七年三月來到敦煌。到達敦煌之前，斯坦因似乎並不知道藏經洞。當他一得知藏經洞，便斷定此行一定大有斬獲，不巧此時王道士雲遊去了，沒人知道什麼時候回來，斯坦因決定死等！在等待王道士歸來的這兩個月，斯坦因順著西北長城沿線挖掘漢簡。五月王道士化緣回來，在中文翻譯蔣孝琬的幫助下，斯坦因編造自己是來中國取經的印度僧人，並許諾用四個馬蹄銀交換經卷。這個訓練有素的考古學家兼東方語言學家，因此帶走了兩百七十個漢藏文卷子包裹，以及裝有各種胡語文字經卷、絹畫、絲織品、佛畫等雜包裹，共二十九箱材料。

一九〇八年，正在新疆塔克拉瑪干沙漠考古的法國人伯希和，在烏魯木齊意外見到了兩件敦煌卷子，這些卷子應該都是王道士早期贈與他人的。有著深厚漢學素養的伯希和，很快意識到敦煌藏經洞的價值，於是放下了手中所有工作，立刻動身前往敦煌。伯希和很幸運，一到敦煌便見到王道士。他一口流利的漢語，很快打動了王道士，王道士允許他出資五百兩白銀，進洞挑選卷子。伯希和以其深厚的漢學功底，重點挑選了非漢文的胡語卷子、帶有寫經題記的卷子，以及非佛經的典籍文書等。當大批國寶已漂洋過海到了歐洲，身在北京的中國學者們似乎仍渾然不知，伯希和購得卷子的第二年，趁著去北京購書的機會，把隨身攜帶的一些寫卷拿給中國學者看，這才使中國學者意識到藏經洞的價值。正所謂亡羊補牢，未為晚也，在羅振玉等人的請求下，清政府學部電令甘肅提督押送敦煌卷子到北京收藏。然而，敦煌卷子在押送途中或被偷、被盜、被燒，也損失慘重。王道士也因三百兩白銀的「報酬」太低，在押送車隊到達敦煌之前，把不少經卷偷偷地藏了起來，這才有日後日本大谷探險隊、俄國奧登堡等人另向王道士買到敦煌卷子的後話。

王道士，這樣一個名不見經傳的小人物，在那個動蕩的時代，本應該卑微且安穩地度過自己平淡的一生，卻因為一個偶然的機會，打開了千年之前人類最為耀眼的文化寶庫，一時間改變了世界學術潮流，使「敦煌」一躍成為二十世紀最為聞名的地方之一。而王道士自己也藉著敦煌莫高窟而家喻戶曉，有人指責他是「敦煌石窟的罪人」，有人罵他是「賣國賊」，也有人肯定他為打開敦煌藏經洞做出貢獻。物轉星移，當年的王道士，如同他的墓碑——道士塔一樣，在日落沙坪的夕陽下，供後人憑弔與評判。

一九〇九年伯希和的北京之行，僅帶來數件敦煌卷子的照片，卻如炸雷很快在北京學術界炸開了鍋。這些身在北京飽讀詩書的中國學者才猛然間意識到，自藏經洞發現以來已有九年，他們卻始終與之失之交臂。竟然最終是在一個外國人的提醒下才知道此事！機會總是眷顧有準備之人，雖然伯希和比斯坦因晚到敦煌，但取得卷子的價值，特別是寫卷的價值，卻遠高於斯坦因所獲。伯希和是行家裡手，取得敦煌卷子後便開始研究。他在一九〇八年寫給法國遠東學院會員珊娜（E.Senart）的考古報告中，對敦煌道教文獻進行了概括論述。伯希和發現，他所獲得的其中百餘件敦煌道經卷子來自敦煌的一個道觀——神泉觀，其年代約是從五八〇年至七六〇年之間的初盛唐階段。至於為什麼這些道經寫本會在千佛洞中被發現？伯希和則解釋為，七六〇年的敦煌被吐蕃佔領，因吐蕃信仰佛教，敦煌的道教遭到毀滅，神泉觀因此廢棄。這些盛唐時期抄寫的道經，因紙質優良，被僧人拿到千佛洞，利用紙背繕寫佛經及各種記錄，敦煌道經就這樣和千佛洞中的其他佛教卷子一同被保留了下來。此後，伯希和又介紹了《老子化胡經》等對道教史研究意義重大的敦煌古佚道經。並在文末羅列了這次敦煌考察所獲的敦煌文書目錄，其中百餘件道經，定名非常準確。

千年殘卷掩蓋下的古觀鐘聲

歷史有如一條浩蕩前行的長河，偶爾泛起一朵朵浪花，就像無法預料這條河最終的歸處一樣，我們也永遠回不到最初的起點，只有從朵朵浪花之中，去窺探這一路長行。千年之前的敦煌，早已被流沙吞噬，這樣一座地處西部邊陲，卻在當時被稱為國際化的大都市，曾經存在哪些道觀？道士們又在忙些什麼呢？讓我們從藏經洞中這些千年殘卷中一尋蹤跡。

今天去敦煌旅遊，除了莫高窟是必去景點，遊人也一定不會錯過鳴沙山與月牙泉。《敦煌錄》記載：「鳴沙山非常神異，山下有口水井，四周沙漠包圍，卻無法將其掩埋，盛夏時節神沙自鳴，因此古人取名此山為鳴沙山，山下立寺觀以祠祀神沙。」神沙山下那口沙子不能遮蔽的井，就是今天的月牙泉，而那祠祀神沙的寺觀就是千年以前敦煌「神泉觀」所在地。

神泉觀，是當時敦煌最為著名的道觀。藏經洞中，著名的道教經卷如《太玄真一本際經》、《無上秘要目錄》、《十戒經》、《洞淵神咒經》等，結尾處的寫經題記都表明它們來自神泉觀。神泉觀應該是當年敦煌道教的中心，最晚在武周天授二年

（六九一）之前已有。

敦煌的大姓索氏家族與神泉觀也有密切的關係。目前所知索棲岳、索澄空、索崇術等都是神泉觀的弟子。抄了多卷《太玄真一本際經》的索洞玄，雖然並沒有資料證明他

神泉觀

天寶十年（七一五）敦煌縣神沙鄉神泉觀男生清信弟子——三十一歲的索棲岳出家入道，向三洞法師馬遊嶽求授《道德經》。馬遊嶽這次的傳經活動，除了授與索棲岳《道德經》之外，還授予玉關鄉豐義里開元觀的男生——二十七歲的張玄晉《十戒經》。這些記載見於編號伯希和二四一七號（P.2417）《道德經》的盟誓文以及編號斯坦因六四五四號（S.6454）《十戒經》的盟誓文。神泉觀位於神沙鄉陽沙里，然而，另外一個卷子（甘肅博物館藏第十七號）卻告訴我們神泉觀位於平康鄉修武里，也是一次授經活動。大周景龍三年（七〇九），平康鄉修武里神泉觀清信弟子，二十一歲的索澄空，帶著信物，來到三洞法師閻履明處求授《十戒經》。

沙州作為唐代的一個下州，卻有南北兩座神泉觀，難免讓人懷疑，根據敦煌的地理書《沙州都督府圖經》以及相關敦煌文獻記載，似乎平康鄉的神泉觀更為流行。

的歸屬，但綜合分析來看，極有可能是神泉觀道士。神泉觀經濟實力也很雄厚，除了平時宗教活動所得之外，還擁有一座莊園——「神泉觀莊」。

敦煌縣洪閏鄉長沙里還有一座女道士觀，即沖虛觀，這個道觀出了一位高道。話說上元二年（六七五）太子李弘隨高宗、武后出行洛陽，意外猝死於合璧宮綺雲殿，年僅二十三歲。高宗夫婦倆非常悲痛，破例追加李弘為「孝敬皇帝」，並命令各地道士入京抄寫道經三十六部，為李弘追福。抄寫的道經稱為「一切道經」，應該算是中國最早的一部道藏，後來被頒發於全國各大道觀。敦煌沖虛觀觀主宋妙仙便在這次入京抄經的活動中被選中，只可惜，宋妙仙沒能完成抄經的工作，就在京城去世了。弟子們為紀念觀主並為其追福，抄寫了《太玄真一本際經》。我們從這部道經的尾題中，得以瞭解沖虛觀的這段歷史。

除了這兩座較為重要的道觀之外，在敦煌文獻中還有靈圖觀、開元觀、龍興觀、紫極宮、玉女娘子觀等記載。其中靈圖觀在沙州城北二十里，皇帝敕建。唐乾封元年（六六六），敦煌城西南李先王廟得到了一塊奇怪的石頭，官員表奏上聞，認為這是代表唐朝興盛的符瑞，因此敕天下普置寺觀，敦煌靈圖觀因此而建。

眾所周知，敦煌是中國的佛教聖地，特別是唐五代的時候，更被稱為佛國世界。

那是否意味著當時的敦煌只有佛教活動呢？答案當然不是。敦煌地區的宗教活動非常豐富，佛教、道教、景教、摩尼教在這裡都有市場，持有各種信仰的人們從四面八方輻輳來到敦煌，敦煌展現了一個國際性都市的包容性與偉大時代的進步性。在佛教之外，敦煌文獻為我們展示了中古時期豐富多彩的道教活動，例如：

⊙抄寫道經

中國書法史上有一段著名的「黃庭換鵝」的趣事，故事說山陰有個道士養了一群好鵝，生性好鵝的王羲之，看見道士的鵝之後便愛不能釋，於是苦苦相求要求購買。最後在百般懇求之下，道士許諾如果王羲之可以為他抄寫一篇《黃庭經》便可以相換。王羲之欣然允諾，僅用半日工夫便告抄寫完畢，最終籠鵝而歸。此篇《黃庭經》也成了後代搜訪王羲之真跡的主要對象。李白有詩云：「山陰道士如相見，應寫黃庭換白鵝」。當然，也有記載認為換鵝的並非《黃庭經》而是《道德經》。這個故事早已成了書法史上的一段公案，當年王羲之究竟抄寫的是《道德經》還是《黃庭經》，抑或兩種道經都抄寫了，很難考證，但卻說明了中古時期道士抄經或者僱人抄經是很常見的宗教活動。

在古人看來，抄寫道經是一種功德，道經記載：「抄寫尊經，一錢已上，皆得七十四萬倍報；萬錢已上，報不可稱。」如果自己不會寫字，或者字寫的不好看，則可以僱別人抄寫，同樣可以獲得福報，因此中國古代上至皇親貴冑，下至貧民百姓，都有抄經活動。

除了抄寫《一切道經》，唐王朝在開元二十九年（七四一）敕令天下道觀轉讀《本際經》，唐王朝認為《本際經》乃太上老君所降，抄寫《本際經》可保國護民。在政府強大推動下，全國展開抄習《本際經》的熱潮，也造成敦煌道經寫本中《本際經》遠多於其他道經的現象：在敦煌八百餘件道經抄本中，《本際經》獨佔一百四十餘件。

對於普通道士或百姓來說，抄寫道經還寄託著很多個人的願望，如為亡人追福、發願還願、增加修行功德等。例如S.3135《本際經》卷末寫到，唐儀鳳三年（六七八），女官（等級較低的道教信徒）郭金基為亡師敬寫《本際經》一部。愿抄經之福德加給亡師，使他神遊仙境。上海圖書館藏078號《本際經》卷末，大周長壽二年（六九三），神泉觀索道士為亡妹在京城東明觀寫《本際經》一部。神泉觀索道士此次去京城抄寫道經，與沖虛觀的宋妙仙不同，因為二人入京時間相差十多年。又有文獻提到：「弟子某某身患重病，針藥無救。於是委身大道，承蒙大聖匡扶，疾患一夕而除，於是割捨錢財，僱人抄寫本際經一部。」卷末題記中，出資抄經之人處為空白，應該是一個已經被抄手寫好，待價而沽的卷子。可見用抄經的功德治療疾病，在中古時期的敦煌已經形成了一種經營買賣。

為大唐抄經

敦煌S.1513A《一切道經序》記載了唐高宗上元二年（六七五）太子李弘病逝，高宗、武后夫婦為太子追福，寫《一切道經》三十六部之事。（頁二四五七）《太上正一閱紫籙儀》尾題記載，開元廿三年（七三五）河南大弘道觀的道士為唐玄宗寫一切經，用抄經的功德保護大唐國富民安。

⊙授經傳戒

所謂「有經則師」，六朝上清道開啟了神降道經的模式，把傳授經典的神仙，稱為「玄師」或「玄中師」。東晉楊羲降經之後，上清經有了明晰的傳承譜系，以傳承上清經法的道團，被稱為上清道。六朝靈寶經同樣重視傳經授戒，并發展出一套傳度儀式，儀式上有「三師五保」共同見證。因此傳經授戒，一方面是道教信徒入道的儀式，同時也是學習道法的過程。六朝隋唐時期，還發展出了法次儀，詳細描述一個入道者如何按

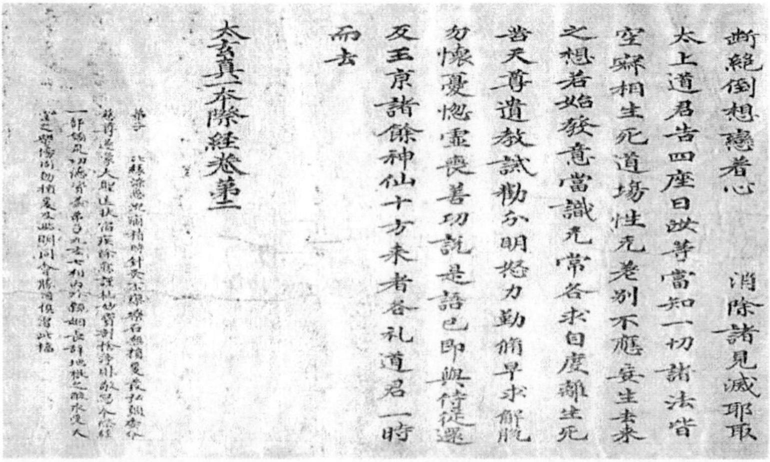
斷絕倒想穢着心　消除諸見滅耶取
太上道君告四座曰汝等當知一切諸法皆
空寂相生死道場性无差別不應妄生去來
之想若始發意當識无常各求自度離生死
當天尊道教誡勑分明悠力勤脩早求解脫
勿懷憂惱靈畏善功說是語已即與侍從還
反玉京諸餘神仙十方來者各礼道君一時
而去
太玄真一本際經卷第二

P.3235《太玄真一本際經卷二》

階梯一步步接受與掌握道教經法。

敦煌道經中有一批傳授經戒的盟誓文，直觀地向我們展示了唐代道教傳經的情況。奇怪的是，傳經盟誓文中，所傳之經均是《道德經》與《十戒經》。這裡就出現一個非常奇怪的問題，按照道教法位階梯制度，道士入道之後，為了提高自己的經籙法位，進一步參研精深的道法，就需要不斷地從師傅處接受代表不同法位的經戒。為何敦煌藏經洞所出的授經盟文，僅有代表初入道的低階次的道經？

唐王朝規定，道士授《道德經》以上，可以給田三十畝。可推斷藏經洞中出現了這麼多傳授《道德經》盟誓文的寫卷，其實反映的是現實問題，即道士授田。擁有受經盟誓的文本，是入道的憑證，當然也是道士授田的憑證。至於入道後的道士，是否還會去進一步求取經法，應該是因人而異。可以推測的是，即使他們會接著求取受經，但也未必需要用文本的形式把所授之經與盟誓之文書於紙上。

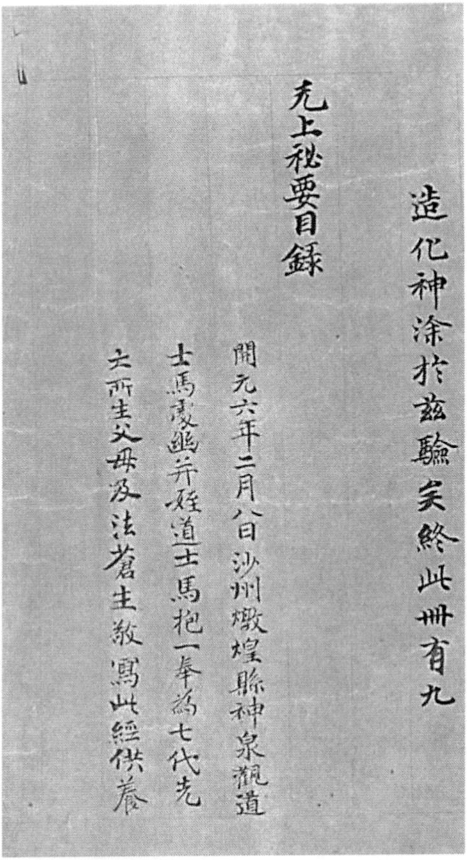
造化神涂於兹驗矣終此卌有九
无上秘要目錄
開元六年二月八日沙州燉煌縣神泉觀道
士馬處幽并姪道士馬抱一奉為七代先
亡所生父母及法界蒼生敬寫此經供養

P.2861《無上秘要目錄》

P.2861《無上秘要目錄》卷尾，抄寫人神泉觀道士馬處幽和侄子馬抱一為七世父母、所生父母及法界蒼生，敬寫供養。《無上秘要目錄》價值非常大，一定程度上彌補了道藏本《無上秘要》的殘缺，使我們對其在輪廓上有個完整的認識。馬處幽叔侄抄寫此經的主要目的是供養道經，增加自己的修行功德。

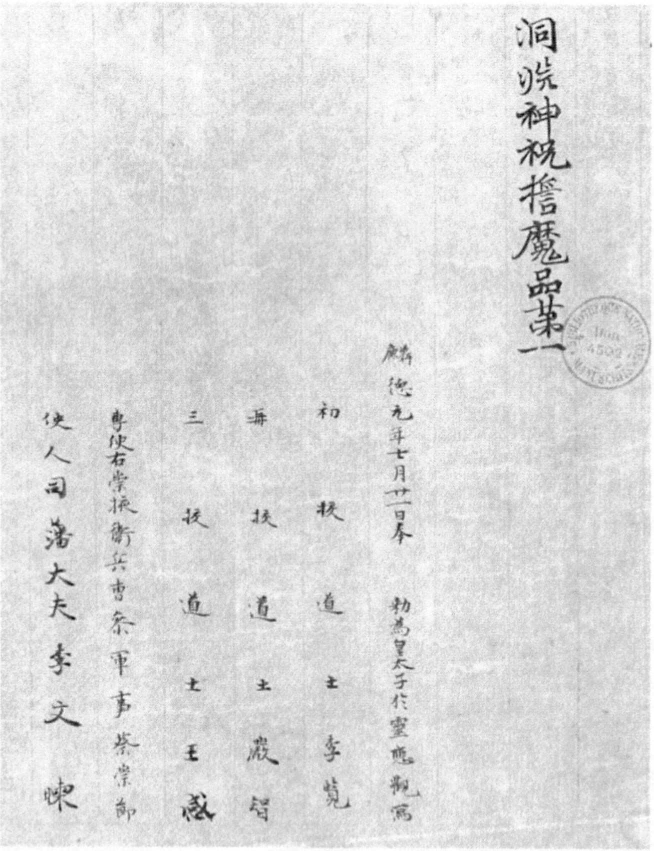

P.3233《洞淵神咒經》

道教中對於道經抄寫的要求非常嚴格，《太真科》云：「經圖科戒，不可舛誤，書寫五校，講練習之。」這段話，在敦煌道經中可以找到驗證。P.3233《洞淵神咒經》卷一尾題寫到：「麟德元年（664）七月廿一日，奉敕為皇太子於靈應觀寫。初校道士李覽，再校道士嚴智，三校道士王感，專使右崇業衛兵曹參軍蔡崇節，使人司藩大夫李文暕。」可知，這件《洞淵神咒經》是高宗時期官方監修的精寫精校道經寫本，前後要經過三次校訂。

⊙講經

道教是一個崇尚經典的宗教，圍繞著經典的形成、造作、宣傳、學習產生了很多別具特色的道教神話與科範。早期五斗米道就有「祭酒主以老子五千文，使都習，號為奸令。」在漢末的四川、漢中就有祭酒為教眾講習五千文的傳統。受佛教影響，六朝道經的出世模式就是元始天尊或太上大道君宣講經法。因此，在六朝經典崇拜的氛圍下，道經的誦讀、宣講甚至僅僅是座下聽講，都被認為具有很大的神力。同時，講經也常常是道教齋醮儀式過程中的一個環節，一方面把講經的功德回向給齋主、普羅大眾，另一方面向大眾宣講道法，吸引更多群眾信仰道教。當然也有道士為了獲取布施而設的講經活動。《太平廣記》便記載了一則「騾鞭客」的故事。故事說，茅山黃尊師為了修建一所天尊殿，每天大開講筵，聚眾數千人。騾鞭客呵責黃尊師為了五千貫的修造錢，而耽誤自己的修道，很不值得，於是施展法力用破甑釜及雜鐵煉成了銀子，幫助黃尊師修建天尊殿。從故事可見，講經往往會偏離宗教宣傳的目的。韓愈著名詩作〈華山女〉就形象描述了道士華山女為了吸引世俗聽眾前來講筵，濃妝豔抹以取悅大眾，上至皇帝六宮、下至富豪百姓趨之若鶩的醜態。

敦煌的道教講經，並沒有發現很多媚俗化的內容，主要是講解道教經文，特別是用一些因果報應的故事勸誡大家要遵從戒律，與人為善。

⊙齋醮儀式

齋醮是道教特有的宗教儀式，既是道士日常修真的必修課，又是道教服務於社會大眾的主要手段，這也是靈寶道的主要特色。齋醮的種類品目繁多，唐代有「三籙七品」之說。「三籙」包括：為皇帝所修的金籙齋，為王公大臣所修的玉籙齋，為普通百姓所修的黃籙齋；「七品」則是三皇齋、自然齋、上清齋、指教齋、塗炭齋、明真齋、三元齋。每個齋的功能與儀格都各不相同。

敦煌道經中保留了不少金籙、黃籙、自然齋儀的寫卷。有別於《正統道藏》中常見的道經，這些寫卷是實用性的道教儀式文書。如S.3071《靈寶金籙齋儀》明確寫明是為「大唐皇帝」所修，祈禱大唐國富民安、皇帝福壽無窮。道士除了給皇家修建金籙齋，更常為本地信徒及普羅大眾做黃籙齋。P.3562v《道教齋醮度亡祈願文集》收錄了大量的齋醮文範，這個寫卷很特別，文字由木筆書寫，字體顯得幼稚而潦草，前後文筆跡不一且內容也有重複，作成的時間大概是晚唐歸義軍時期。內容有全村人設齋的祈願文；父母亡故文；師傅亡故文；女性老師亡故文；僧人尼姑亡故文；全家平安願文；疾病痊癒文；兄弟亡故文；夫妻亡故文；男性或女性亡故文；打仗平安文；新年願文；孩子夭折文；搬家文；蓋房文等。

這篇潦草的寫卷，為我們呈現出唐五代敦煌地區道教活動的景象。寫卷的正面是《劉子新論》，中古時期紙張是很稀缺而昂貴的物品，很多人會在別人不再使用的紙張背面重新利用。大概晚唐時期的敦煌道教，早已衰微，白鶴觀無力償付昂貴的紙張費用，於是便宜買到一個正面寫有《劉子新論》的卷子，但並不是為了讓道士學習《劉子新論》，而是在背面抄寫文字，這些文字是他們平時給老百姓做齋醮法事的文範，如遇到法事活動，則按照法事的性質，直接找到相應的主題替換關鍵詞即可。很顯然抄寫文字的道士，文化水平並不高，字跡潦草而幼稚，像是學童。文集經過幾個人之手，也不是一次抄成，說明這篇文範，是白鶴觀道士在別處陸陸續續抄來。

其中包括有度亡、新年慶祝、祈福、戰爭、疾病等各種主題，豐富呈現了當時敦煌地區的宗教文化景象。還有「入宅文」、「造宅文」，即齋主人為搬家、建房子所出資僱傭道士修建的齋醮活動。在古人看來，動土則會驚動龍神，如果不對龍神解謝，向它們謝罪，則龍神會給主人帶來災禍。大約從漢代開始，鎮宅、醮宅就成了中國傳統民俗中的重要內容，延續至今。

非常有趣的是，這樣一本道教齋醮文書，竟然還有專門針對僧人比丘尼的齋文。齋文的大致意思是：人有生死，如天有寒暑，世事變化無常，生死的道理，可謂是人生的大道理。如今有某寺僧人，談空入妙，曾在龍宮參悟佛偈，在寺院體會眾生佛性，釋道安、鳩摩羅什尊敬他，龍樹菩薩、馬鳴菩薩幫助他。他本來應該常居世間，以度脫蒼生，如今卻歸於寂滅。時不我與，法師的百日齋到來，他的門徒弟子傷心感慨師父死後人生沒有可皈依之處，再次見到師父也不知要到何時。只有用作齋的方式，增益他的功德，於是建道場、集法眾，向神靈祈求，為神靈上供，愿亡師超脫生死，不生不滅，證得涅槃，在昇入兜率天宮的同時，可以時常庇護家庭、門人弟子等，使他們道心明朗，五福百祥。

以上便是題名為「僧尼亡」的齋文，從內容看，應該是僧（尼）亡後百日，門人弟子為師父做的百日齋，希望用齋供來為死後的師父增加福份。很難想像，在一群僧人的場合，不用佛教反而用道教的儀式作齋。也許，當時抄寫這篇齋文的道士誤把佛教的齋文抄了進來，也或許是道士明知它是篇佛教的齋文卻執意抄寫，為了自己學習使用。當然，僧人死後僱道士做法事以求福也不無可能，如果真的可以，那敦煌的宗教還真稱得上是典範，在佛道論衡火熱的中古時期，敦煌地區的佛道之間竟然可以如此和諧共存。

敦煌古佚經寫本與中古道教

敦煌遺書中，共八百餘件道教相關文獻，約占整個敦煌文獻的百分之二，涉及一百七十餘種道教文獻，其中《正統道藏》未收的八十餘種，可補道藏本殘缺的約十八種，也就是說超過半數的敦煌道教經卷不見於道藏。這些寫卷不僅年代比《正統道藏》要早，而且還有很多道藏不存的佚經，因此研究價值很高。

其中，最為有名的便是《老子化胡經》。傳說西晉惠帝時，有個叫做王浮的道教祭酒與僧人帛遠經常辯論，每次都會輸給帛遠，因此懷恨在心，寫了一部《化胡經》以羞辱佛教。當然這個傳說並不足以完全採信。其實，關於老子化胡的傳說，早在漢末就興起了。傳說老子當年西出函谷關，而不知所終。漢末之世，佛教剛剛傳入中土，本土道教也剛剛萌芽，兩教紛歧則勢弱，相得則益彰。於是佛道共藉老子化胡之說，會同二教之理，這樣才形成所謂的《老子化胡經》。只不過，後來由於佛教勢力漸漸超越道教，才不願在「老子化胡」的陰影下屈尊於道教。《老子化胡經》最初僅有一卷，到了唐代發展成十卷。敦煌本《老子化胡經》卷一便描述了老子四次化胡的經歷。第一次老子帶著赤松子、中黃丈人、元始天王等十萬神仙來到于闐國，為該國國王大臣說法，並用神力化身為佛。第二次兩百年後，老子再次西渡，教化了西方諸國。第三次老子並沒有親自前去，而是派遣了弟子尹喜降生天竺國為悉達多，成佛後創立佛教。第四次則是老子化身為摩尼，創立摩尼教。

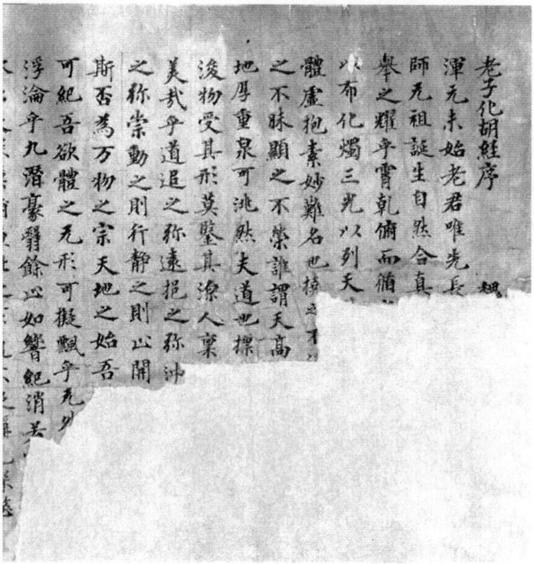
老子化胡經序
渾元未始老君唯先長
師元祖誕生自然合真
舉之耀乎霄乾備而循
以布化燭三光以列天
體虛抱素妙難名也
之不昧顯之不榮誰謂天高
地厚重泉可洮然夫道也
後物受其形莫鑿其源人
美哉乎道退之弥遠挹之弥沖
之弥崇動之則行靜之則以開
斯否焉万物之宗天地之始吾
可紀吾欲體之无形可擬飄乎无外
浮淪乎九淵豪釐餘以如響紀消芸

S.1857《老子化胡經》

《老子化胡經》因其獨特的內容，注定了坎坷的命運，特別是佛教漸漸在中國站穩腳跟之後，打倒《化胡經》的聲量就越來越高。關於化胡真偽的辯論，也成了中國古代佛道辯論的主要議題之一。唐中宗神龍元年（七〇五）曾一度廢除《化胡經》，但似乎民間還是非常流行，各種化胡題材的繪畫非常普遍。直到元憲宗八年（一二五八）

的佛道辯論，道教大敗，《化胡經》慘遭焚燒，至此《老子化胡經》遂不存於世。辛虧敦煌藏經洞保留下這部經書，雖然只殘存四卷，但已是不幸中的萬幸！

敦煌文獻中，也包含仿照佛教而改寫的《元陽經》，從中比對佛經，確實可見道教抄襲佛教之處，佛教所謂「《黃庭》《元陽》，採撮《法華》，以道換佛」，並非僅是攻訐道教之詞，而是確有其事。敦煌道經還有一個最重要的特點，便是這八百件的敦煌道教文獻，全是「寫本」文獻。有些寫本是從當時的都城長安傳過來的，有些是當地的道士入京抄來的，有些是道士供養三寶抄寫的，有些是世俗子弟祈福僱寫手抄寫的。這些寫經背後都有各種各樣的故事，他們抄寫的是什麼？為什麼抄寫？寫卷怎麼流傳？為什麼最後被放進了藏經洞？這些問題吸引著眾多學者投入研究。

寫本時代的文字，因抄手或抄寫目的的不同，樣態也會有很大的差異。敦煌道經寫本也是如此，通過敦煌本與道藏本的對比可知，同一種道經在文字與篇章結構上可能存在很大差異。如文字的增衍、缺漏、校改、迴異，篇卷的分裂、合一，這些問題有的是寫本常見的問題，有些則具有特殊的學術意義，涉及特殊的佛道關係、唐代道教政策或敦煌道教發展特點等。敦煌道教寫本為我們呈現了流動中的道經形態，據此我們得以窺見寫本時代道經的形成與流變。

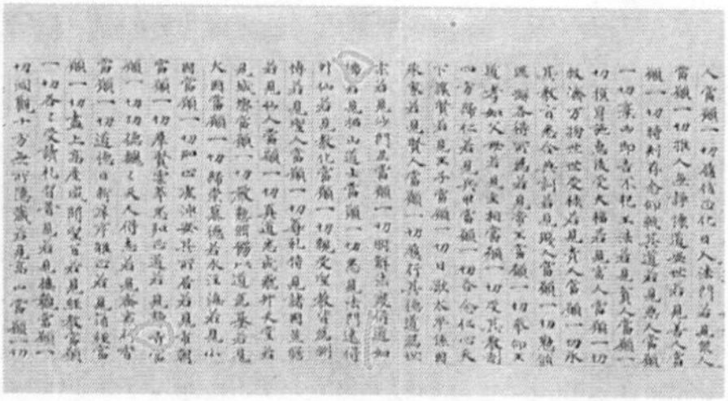

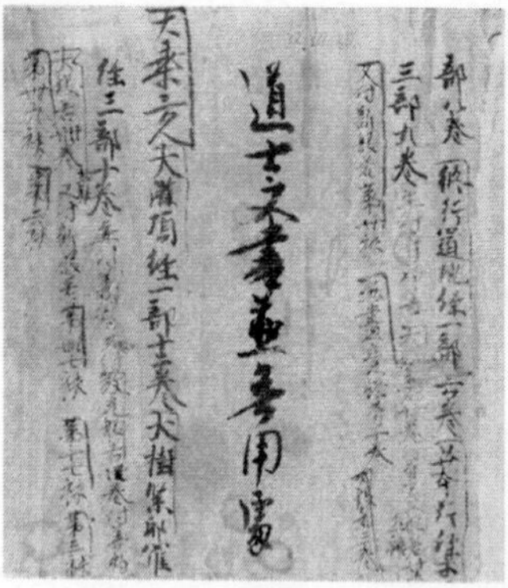

上圖｜P.2468《智慧本愿大戒》
左圖｜S.3071V《敦煌諸寺請付經歷》

如今，敦煌藏經洞發現已逾百年，敦煌學也已走過百年，大部分敦煌文獻都或多或少地曾被學者研究或提及，因此近年學界又提出「轉型敦煌學」的概念。目前學界著力最深之處還是個別的道經與專題，然而如何體現道經背後的故事、敦煌寫本道經如何形成、流變與流傳，以及寫本道經與《正統道藏》之間的關係，可能將是敦煌道教研究的下一個方向。

東亞道教文化——「桃」意象及其流衍

賴思妤

西王母是中國最古老的女神，數千年以來不斷傳述著與她相關的記載，更在道教建構的神仙譜系中扮演重要角色。《西遊記》中提到西王母的蟠桃樹三千年才開花結果一次，吃了此仙桃可以長生不老與天地齊壽，更是大家耳熟能詳的，而民間也不時可見與「桃」有關的種種傳述；有趣的是，不只中國特別多關於「桃」的故事，鄰近的日本、韓國，也可看到「桃」文化的痕跡。

西王母的仙桃與桃太郎的桃子

很久很久以前，有個小村落住著一對老夫婦。老爺爺每天到山裡砍柴，老奶奶就到河邊洗衣服。有一天，老奶奶一如既往在河邊洗衣的時候，忽然從上游流下一顆又大又漂亮的桃子。她開心地把桃子帶回家，沒想到裡面是個白白胖胖的小寶寶。一直都沒有小孩的老爺爺老奶奶嚇了一大跳，他們因此感到興奮不已，決心要好好地養育這個神明賜予的孩子，並取名為桃太郎。桃太郎在老爺爺和老奶奶用心地養育呵護下，長成健健康康的男子漢。有一天，鬼島的壞魔鬼來到平靜的小村莊裡，不斷騷擾村民，在大家都不勝其擾之下，身強體壯的桃太郎，勇敢前往鬼島降伏魔鬼。最後桃太郎帶領途中收服的狗、猴子與鳥一這班朋友一同前往鬼島，把魔鬼們打得落花流水。此後，桃太郎便和老爺爺、老奶奶過著幸福快樂的日子。——以上是我們都再熟悉不過的日本童話故事，不過「水流桃子」的故事，其實不只發生在日本。

根據金人元好問的《續夷堅志》記載，金章宗泰和（一二〇一—一二〇八）初期，鞏州（今屬甘肅省東南部）有一位中年遇異人而棄官從道的韓道人，某日秋雨後在山中行走，忽然看見河流上有東西漂來，仔細一看原來是一片大葉子。起初不以為意，不久又看到數片葉子中夾雜一顆大如杯碗的桃子被石塊擋住。韓道人上前撿取了桃子，只見它色澤紅潤，果香濃郁，不似尋常果物，認為這是一場奇遇，於是面向華山的天外三峰一再拜謝，然後吃了桃子，並把桃葉帶回去。他在洞穴內的高處，鑽破桃核，取出核仁吞服，味道甘甜如酥酪與蜂蜜。他還把剖開的桃核當兩個酒杯，各有一勺多的容量。從那天之後，韓道人不太會感到飢餓，有時進食，有時辟穀不食。當時他已經六十歲，外觀面貌卻好像四十多歲。

依元好問所述，韓道人所食用的桃子並非平凡之物，因此讓他年屆花甲之齡仍保有年輕的樣貌，不禁令人聯想到傳說中西王母的「仙桃」。

在更古老的中國傳說中，西王母是仙桃的主人，她的形象先是半獸半人，其後幻化為姿麗端容美婦人。由於漢武帝一心尋求長生不死之道，西王母感於他的誠心齋戒，在七月七日夜降臨武帝宮庭。先是三足青鳥前來報訊，不久便聽到護駕的人車聲，遠方還能朦朧地看見紫氣瑞雲中，玉女駕馭由紫色雲氣形成的輿轎，西王母乘坐其上，隱約可見王母頭戴七勝履玄瓊鳳文冠，身邊圍繞祥光青氣，不可直視，還有二隻如烏鴉般大的青鳥，似護衛般在站王母旁環顧四周，最後玉女緩緩在承華殿旁停下車輿，王母從容地由雲氣中漫步而出。

西王母擺設精緻膳肴，佈置了一場盛大的「廚會」邀漢武帝共食。宴席上西王母取出仙桃，給武帝吃，因為味道甘美，香氣盈口，武帝吃完後留著桃核，西王母問他：「留果核要做什麼？」武帝回說：「想要種它。」西王母對他說：「這個桃子三千年才結果一次，不是人間所能夠種植的。」這三千年才結果一次的桃子並非凡物，而是傳說中的「仙桃」。

唐代段成式的《酉陽雜俎》也記載了洛陽華林園內的一棵王母桃樹——王母桃又名西王母桃，十月開始成熟。當時流傳有關此桃的俗諺：「王母甘桃，食之解勞。」或許這就是當年漢武帝留下的果核而長成的桃樹吧。人間之土無法種出能長生不老的桃子，但也能替人解勞，使人身強體健。

當年漢武帝所嘗到的美味仙桃，在人間之土種下了仙桃的種子，使人間也有了西王母桃樹，而西王母之桃也就這麼飄洋過海來到日本，成為本文一開頭所講述的日本童話故事：沿河漂流而下的桃子被膝下無子的老婆婆拾起，得到了神明所賜予的珍貴孩子——桃太郎。

除了桃太郎的故事外，成書於奈良時代，女天皇之一的元明天皇時期，和銅五年（西元七一二年）的日本神話《古事紀》中，也有一段與桃子有關的故事。創立日本國的伊邪那岐命（いざなきのみこと）和伊邪那美命（いざなみのみこと）是一對夫妻神，由高天原神所生，日本國的百姓就是這對夫妻的子孫。

在日本上古神話「黃泉之國」「黃泉之國(よみのくに)」的故事中，伊邪那岐命想念已經死去的伊邪那美命，於是追到了黃泉之國，也就是死者的世界。伊邪那美命女神不願意被伊邪那岐命看到自己腐化的屍體，所以囑咐伊邪那岐命不可以偷看。可是伊邪那岐命忍不住偷窺後，大受驚嚇倉皇逃出，女神因此羞憤不已、怒不可遏，於是派出黃泉之國的醜怪女等追趕伊邪那岐命。被追趕的伊邪那岐命好不容易逃到了黃泉入口處的黃泉比良坂，躲在桃樹下，並從桃枝上摘下三顆桃子，往追趕過來的黃泉怪物身上丟去，怪物們紛紛落荒而逃。於是伊邪那岐命便對桃子們說：「希望你們能夠像救我一樣，在葦原（即日本）中間之國（即在天上的高天原與地下的黃泉國之間的人間世界）

的人民們感到艱難困苦時幫助他們。」並為桃子命名為「意富加牟豆美（おおかむづみ）」，從此他被視為桃之神，又名「意富加牟豆美命（おおかむづみのみこと）」。

中國古代的經典中則有以桃禦鬼的敘述，漢代王充《論衡》〈訂鬼篇〉引《山海經》〈大荒北經〉內容說：在滄海之中，有一座度朔之山，上面有一棵蜿蜒盤據三千里的巨大桃樹，在桃枝的東北處稱為鬼門，這個鬼門是萬鬼出入之處。桃樹上有二位神仙神荼、鬱壘掌管搜索治理萬鬼，如果是惡害之鬼就會被二神用葦繩拘捕，並餵食老虎。於是黃帝便訂定禮制依時驅鬼，樹立大的桃木製人像，在門上畫上神荼、鬱壘與虎的圖像，並且懸掛葦索，用來防禦惡鬼。其後直到清代宮殿依舊保留了在放置門神的習慣。

也有直接把門神神荼和鬱壘之像或名字畫在桃符之上，掛在門上用來避邪的風俗習慣，而一般認為這種桃符，就是春節過年的時候家家戶戶都會在門板上貼春聯的由來。

桃木的避邪功能，最早出現在《春秋左傳》昭公四年魯國大夫申豐回答季武子之問，回答：「桃弧棘矢，以除其災。」申豐告訴季武子，為了避免山中的冰室的冰塊，在度過嚴冬的時候染上邪炁，所以要在冰室的出入口掛上桃木作的弓和棘枝製成的箭，藉以退去邪佞之炁。另外同書昭公十二年處：「唯是桃弧、棘矢以共禦王事。」杜預注：「桃弧棘矢，以禦不祥。」《春秋左傳》並沒有說明為何桃木具有驅邪的力量，其後各註釋家給出了各種解釋，比如「桃」與「逃」同音，因此用來比喻避開邪氣，然而生硬的解釋還是讓我們感到困惑，所以還是要從民間習俗來尋找答案。

《漢武故事》有一段這樣的記載：漢武帝亟欲長生不老，但尋求仙方未果，便殺了一百多位道士和妖言惑眾的人。西王母知道此事之後，派遣使者來到人間告訴漢武帝說：「你想要求仙見神人，卻在此前大開殺戒，我跟你的緣分就到這裡了。」然後給了他「三顆桃子」，說：「食此可得極壽。」這裡的三顆桃子和伊邪那岐命對黃泉之國軍隊丟擲的三顆桃子數量相同，前者作為長壽祝福之用，後者用來驅魔避邪，可以看出中日兩地對桃子的信仰文化其實很接近——都是為了保全生命。而《漢武內傳》西王母與漢武帝共食的時候，西王母賞賜四顆桃子給漢武帝，自食三桃。

另一本古典典籍《博物志》中，西王母的故事則有另一位重要人物：東方朔。這位確有其人的西漢文人，不僅是個辭賦家，也以行事作風詼諧滑稽留名歷史。在《博物志》的故事裡，他的形象也是如此——他偷了西王母的桃子！這個有趣的角色相當頻繁的出現在日本的西王母文學作品以及屏風、圖畫等藝術創作中。舉一個有趣的例子，在日本能樂中便有一齣劇目「東方朔」，由室町後期的能樂師金春禪鳳所作，劇情內容是我們非常熟悉的故事：西王母在天界有一個美麗的桃花園，果樹三千年開花結果一次，據說只要吃下這仙桃能夠長壽三千歲。終於等到了開花結果這天，西王母帶著桃果來到漢武帝的宮殿。在此之前有一位老叟東方朔，早已預言西王母將帶三千歲的仙桃來訪。這天東方朔引領著西王母，和西王母一同獻上仙桃給漢武帝。這樣類型的故事在日本處處可見，西王母、東方朔和仙桃這些元素所組成的故事流傳非常廣泛。

或許也因此，「桃」可「辟邪」的觀念，也一起傳到日本。根據平安時代中期《延喜式》一書的記載，日本古時候在宮中十二月晦日會舉行「追儺」活動，「陰陽寮」（掌管占卜、天文、時刻、曆法的政府機關）會配置桃木作的杖和弓，作為驅除疫鬼之用。因此，總體來說，三月三日的「雛祭り(ひなまつり)」即「桃の節句(もものせっく)」，這些和桃子有強烈連結的風俗都和桃木具有驅除疫病鬼怪的功能有關。

經過科學家和歷史學家的考察，已經證實桃子的原產地是在中國。北魏的《齊民要術》中便詳細地說明栽種桃樹的方法，而日本種植桃樹的時間點，明確有記載是在江戶時代，其後在宮崎的《農業全書》（一六九六）中所列舉的桃子種類，其中一種便稱為「西王母桃」。李時珍《本草綱目》（一五七八）成書早於江戶時代（一六〇三—一八六七），書裡早有西王母桃之記載：「冬桃，一名西王母桃，一名仙人桃，即崑崙桃。」以女神西王母作為桃子的名稱。又說：人在中精魅邪氣時，可以把桃符或桃橛以水煮汁，服飲。因為桃是西方之木，五木之精，是一種仙木，味辛氣惡，所以能夠厭伏邪氣，壓制百鬼。人們在門上掛上桃符、在地上釘上桃橛，都有防治邪氣入侵家宅的用意。而日本的《大和本草》、《和漢三才圖繪》書中也有這樣的內容，與此相關的記載非常多。

日本的桃文化與三月三日的節慶

為人所熟知的日本三月三日「雛祭り」，中文稱「女兒節」，又稱為「人偶節」、「桃花節」。關於桃花與三月三日之說的來由，眾說紛紜，現代最普遍的說法是三月三日被視為是慶祝西王母聖誕舉行蟠桃會的節慶日。此說法雖其來有自，但是真正被一般庶民認識可以說是因為《西遊記》的流傳，書中的描述最為生動且廣為人所接受，然而這應當是比較晚的說法。

筆者以為，在中國至少可以追溯至東漢崔寔的《四民月令》一書所記：「三月桃花盛，農人候時而種也。」桃花作為春天的象徵，將桃花樹開花的時間和一年農耕的規律作連結，當桃花開了，萬物甦醒，人們也開始農作。古時以干支計日，三月三日為「上巳節」。最早先秦時代已有此時要去水邊祭祀的風俗，人們在水邊洗濯淨身，洗去污穢，象徵消除不祥，稱為「祓禊」。《周禮．春官．女巫》有「女巫掌歲時祓除釁浴」之語，其「歲時祓除」的活動便是三月上巳日在水上舉行，而釁浴就是以香薰藥草來沐浴淨身，由專門女巫掌管此事。

「祓禊」一開始只是單純的祭神淨身，其後也逐漸加入飲酒歌唱、曲水流觴等娛樂，是極為歡樂的節慶，最後這類「祓禊」的活動便固定於三月三日舉行。北周庾信〈三月三日華林園馬射賦〉言：「雖行祓禊之飲，即用春蒐之儀。」唐代發展為成熟的曲水宴，出現了各種豐富的活動，其中便有製作紙人偶放水流的習俗，這在女孩群中十分流行，也發展成為女孩子做一個紙娃娃，將其流入河中，具有送走病邪、祝福女孩平安健康長大的寓意。但是在宋代之後便逐漸為人們所遺忘。這項節慶風俗也傳進了日本，以新面貌被保留下來。平安時期的日本皇宮貴族在三月三日舉行曲水宴，是一種上層社會附庸風雅的活動。

而這種文化正與日本女兒節不脫關係，女兒節是日本傳統祈願家中女兒能夠健康長大的節日。在三月三日，正是上巳之日，「上巳節」的稱法至今仍保留。時值桃花盛開結果的時節，所以也被叫做「桃花節」，另外也因為有裝飾雛人偶的習俗，又稱「雛祭り」，江戶幕府德川家族統治的時代被正式命名。而在賦有祝福寓意的各種擺飾中，當然少不了仙桃。

韓國的桃文化

在中國和日本傳統文化中，關於桃子、桃枝的意象俯拾即是。中國文化將桃子視為神聖之物，鄰近的日本也接收了這樣的文化，至於韓國則對桃文化的接收程度似乎遠不及日本。這是一件很有趣的事情，一般我們認為中國這些神仙思想文化，不僅傳入日本，同時也傳入韓國，甚至有部份思想是透過韓國傳入日本的。所以當神仙思想文化傳入韓國的時候，這些與神仙思想相關的風俗文化也應當一同被接受才對，然而事實顯示顯然並不如此理所當然。

不過儘管韓國文化的桃文化不那麼明顯，桃枝在韓國也一樣具有驅鬼的意義，一般認為可以追溯至前面介紹的《淮南子》中后羿的故事。其後在各種地方筆記故事裡面，亦有用桃枝驅邪避禍的內容，連現代韓劇《孤單又燦爛的神——鬼怪》（쓸쓸하고 찬란하神——도깨비）的劇中也有桃枝驅邪的情節：主角「鬼怪」金信利用法力讓桃樹在嚴冬中開花，第二女角金善撿起了一枝桃枝帶回去；之後在某個場景她拿桃花枝大手一揮，把陰間使者的帽子打掉，迫使他當場現形。另在《朝鮮王朝實錄》所錄《燕山君日

記》「燕山君十二年」載：「每歲季春、仲秋逐疫，桃劍、桃板，亦用之。」該典故一般認為和后羿嫦娥的故事有關，故事的原型可以追溯到嫦娥偷走了西王母的長生靈藥的傳說。

另外，在韓國還有一個可愛胎夢的文化與桃子有關，認為如果夢到粉紅的桃子，就會生女寶寶，如果夢到綠色、青色的桃子，就是生男寶寶。韓劇《順風婦產科》（순풍산부인과）裡面有一個橋段，孕婦去婦產科產檢，希望知道胎兒的性別，婦產科用亮燈表示，如果亮的燈是辣椒就是男寶寶，而如果亮的燈是桃子，那就是女寶寶。

朝鮮時代第二十二代大王正祖（一七五二—一八〇〇），對母親惠慶宮洪氏相當孝順，他在惠慶宮六十大壽的時候，舉辦了一場盛大的進饌宴，並向母親獻上三千朵桃花做為祝壽之意，因此桃花也被稱為「孝桃花」。「三千」之數同前引《論衡》之引文。和正祖有關的水原市，最近也依據此典故舉行了向自己父母獻上桃花的活動。朝鮮正祖此段獻桃花祝壽的歷史並非普遍為大眾所認知，但今日水原市透過這樣的文化復興活動，讓我們了解韓國文化中，桃子除了代表的新生命與祝壽，似乎還隱含了孝道的概念。

此外，在韓國古代文獻《日省錄》正祖十九年的記錄中，就有「進蟠桃之日」的

文字。由於正祖喜愛冊架圖，從宮廷貴族開始進而影響民間，出現了「冊架圖」（책가도）的流行文化，此潮流席捲了當時整個朝鮮社會。冊架圖是以圖書、老古董、文具、花卉等為主題的圖畫，人們會把自己喜歡的、或者認為富有美好寓意的東西都放進冊架圖。在正祖的冊架圖裡，我們已經能夠發現桃子，於是乎這類的民間冊架圖也跟著出現了許多桃子。韓國人認為桃子具有長生的意思，除了在中國和日本都很風行的《瑤池宴圖》一類圖卷，韓國代表長壽的「十長生」雖未必包含桃子，但是我們仍可以在一些民間的十長生圖中看到畫師們畫上大量的桃子。

玄都觀裡桃千樹，花落水空流。

——金．元好問〈人月圓．玄都觀裡桃千樹〉

玄都觀裡曾有數以千計爛漫盛開的桃花樹，然而時至今日桃花早已謝盡，落花付諸流水的景象已不復見。然而透過本文的敘述，或許我們可以套用修改元好問的文句為「玄都觀裡桃千樹，花開桃落東亞流。」這些桃果意象也傳入東亞地區，並且產生了各種新的文化意義。

綜觀儒釋道三教在東亞的發展，多以儒家為首（尤其是統治者的立場），佛教亦有廣泛的影響，道教似乎是較被忽視而被視為不具影響、甚至沒有流傳的一方。不過根據晚近的研究成果可知事實並非如此，道教在東亞思想文化交流也佔有一席之地。造成這種文化印象與歷史事實之間的落差有很多因素，除了具體的歷史情境之外，也與道教本身具有秘傳性質、不特別宣揚外傳有關。

從「桃文化」在東亞的流傳來看，可清楚看出道教在東亞世界中具有民俗性的文化，不斷地流轉，不分階級地深植在地方民俗當中。中國周邊地域，諸如日本和韓國的人們，雖然未必是道教的信徒，但確實吸收了這些道教信仰的內涵，並將其內化融合於自身的文化裡，延續至今，並且令人期待未來各種發展的可能。

PC0908　華人文化主體性研究叢書

仙人指路
——10個故事帶你進入道教的神秘世界

主　　編 / 謝世維、李忠達
作　　者 / 謝世維、李龢書、李志誠、蔣馥蓁、李忠達、高振宏、張鵬、
李長遠、方韻慈、賴思妤
責任編輯 / 鄭伊庭
圖文排版 / 詹羽彤
封面設計 / 王嵩賀

發 行 人 / 宋政坤
法律顧問 / 毛國樑　律師
出版發行 / 秀威資訊科技股份有限公司
114台北市內湖區瑞光路76巷65號1樓
電話：+886-2-2796-3638　傳真：+886-2-2796-1377
http://www.showwe.com.tw
劃撥帳號 / 19563868　戶名：秀威資訊科技股份有限公司
讀者服務信箱：service@showwe.com.tw
展售門市 / 國家書店（松江門市）
104台北市中山區松江路209號1樓
電話：+886-2-2518-0207　傳真：+886-2-2518-0778
網路訂購 / 秀威網路書店：https://store.showwe.tw
國家網路書店：https://www.govbooks.com.tw

2020年7月　BOD一版
定價：320元

本書受國立政治大學華人文化主體性研究中心補助出版

國家圖書館出版品預行編目

仙人指路——10個故事帶你進入道教的神秘世界 / 謝世維, 李忠達主編.-- 一版. -- 臺北市 : 秀威資訊科技, 2020.07

面； 公分. --

BOD版

ISBN 978-986-326-778-2(平裝)

1. 道教 2. 文化研究

230 109000143

讀者回函卡

感謝您購買本書，為提升服務品質，請填妥以下資料，將讀者回函卡直接寄回或傳真本公司，收到您的寶貴意見後，我們會收藏記錄及檢討，謝謝！如您需要了解本公司最新出版書目、購書優惠或企劃活動，歡迎您上網查詢或下載相關資料：http:// www.showwe.com.tw

您購買的書名：________________________________

出生日期：________年________月________日

學歷：□高中（含）以下　□大專　□研究所（含）以上

職業：□製造業　□金融業　□資訊業　□軍警　□傳播業　□自由業

□服務業　□公務員　□教職　□學生　□家管　□其它____

購書地點：□網路書店　□實體書店　□書展　□郵購　□贈閱　□其他

您從何得知本書的消息？

□網路書店　□實體書店　□網路搜尋　□電子報　□書訊　□雜誌

□傳播媒體　□親友推薦　□網站推薦　□部落格　□其他________

您對本書的評價：（請填代號　1.非常滿意　2.滿意　3.尚可　4.再改進）

封面設計____　版面編排____　內容____　文／譯筆____　價格____

讀完書後您覺得：

□很有收穫　□有收穫　□收穫不多　□沒收穫

對我們的建議：________________________________

____

____

____

請貼
郵票

11466
台北市內湖區瑞光路 76 巷 65 號 1 樓
秀威資訊科技股份有限公司 收
BOD 數位出版事業部

(請沿線對折寄回,謝謝!)

姓　名:______ 年齡:______ 性別:□女 □男

郵遞區號:□□□□□

地　址:______

聯絡電話:(日)______ (夜)______

E-mail:______